知っておいしい

調味料事典

鈴木裕貴 監修

JN022953

Contents

調味料を知る

調味料とは

　食材や料理に、味、風味をつけるための材料の総称。大まかに2つの使用用途にわけられる。料理を作る際、甘味、塩味、酸味、苦味、辛味、旨味などの調味料を組合わせることで、味や風味をつけ、素材の旨味を引きだし、弾力、粘り、つや、保存性を高め、副材料として使用する用途。料理を食す際、嗜好に合わせ調味するため、調味料として使用する用途である。

調味料の種類

　日本の基本調味料は、塩、砂糖、酢、しょうゆ、みそ、酒、とされているが、日本各地には、風土を生かした多種多様の調味料が存在する。本書ではだしも調味料の一つとして紹介する。世界に至っては、文化、気候、特産物などにより、基本調味料となる、塩、各種スパイスなどの種類は膨大な数に及ぶ。

調味料を使った味付けの順番

「さしすせそ」を加えるタイミング

　和食の代表的な調味の法則に「さしすせそ」というものがある。これは、調味の基本となる、砂糖、塩、酢、しょうゆ（せうゆ）、みその5つの調味料の頭文字を表しており、表記の順番は食材に効率的に味を浸み込ませる順位を、五十音のサ行に語呂合わせしたものである。

　この順番の中で一番重要なのは、砂糖を使用する料理については、どのような場合でも、必ず砂糖（甘味）から調味することである。その理由は、砂糖は比較的分子サイズが大きく食材に砂糖の甘味を浸透させるためには時間がかかるという事にもよるが、より分子サイズの小さい塩を先に入れてしまうと、食材が締まり、分子サイズの大きい砂糖が浸透しなくなってしまうからである。

　酢からの3種は、主に風味や香りを加える

目的で使用される。その中で、酢が最初の理由は、酢を入れた後に軽く煮立たせる必要があるからである。酢は、臭みを消し保存性を高めるが、酸味を際立たせないよう、一度煮立たせることで風味がまろやかになる。最後に、熱に弱いしょうゆ、みそを加える。

しょうゆは、料理により入れるタイミングが異なるが、焦げつきやすいため、強火で扱わないようにする。しょうゆを加えてから長時間の加熱を必要とする場合には、何度かにわけて入れると風味を生かすことができる。最後に加えるみそは、加熱により風味や香りが最も変化しやすいので、火を消す直前に加えるのが最も理想的だ。

料理酒、みりんを加えるタイミング

料理酒とみりんは「さしすせそ」には含まれないが、和食を作るときに欠かせない調味料だ。料理酒は素材の臭みを取り、味を染み込みやすくする。そのため、どの調味料よりも先に加えるのが良い。アルコールを含む本みりんも同様に先に入れる。このふたつは、「さしすせそ」の前に加えると覚えておこう。みりん風調味料は照りやコクを出すために、火を止める直前に仕上げとして使うのがおすすめ。

調味料の歴史

塩

その起源は、紀元前2000年頃からと伝えられており、岩塩、湖塩が豊富な国では、比較的早い時代から使われていたようである。日本における塩の起源は、縄文時代に、土器により、海藻から抽出された「藻塩」であると言われている。

酢

次に古いものは酢と考えられている。酢は人類が加工して作った最も古い調味料といわれ、古代の人々は穀類や果実が自然に酢酸発酵したものや、かんきつ類やその他の果実に含まれている酸をそのまま利用していた。

塩漬け発酵させた食材に酸味を加えると味がまろやかになることから、酸味の利用は古くから行われていたと考えられている。

砂糖

紀元前4世紀のインドが起源とされている。のちにペルシャ、エジプトなどを経由し、中国に渡ったとされている。日本では、奈良時代に中国から持ち込まれたと言われているが、とても貴重であった事から、一般庶民に行きわたるようになったのは明治時代頃であるといわれている。

醤、しょうゆ、みそ

古代の日本では、食材を塩に漬け込んだ醤（ひしお）が造られていた。肉、魚、野菜や海草、穀物を用いて、それぞれ肉醤（ししびしお）、魚醤（ぎょしょう）、草醤（くさびしお）、穀醤（こくしょう）が造られた。なお、大豆は穀物の一種なので、みそは穀醤に当たる。みそから派生した液状の副産物が現在の日本のしょうゆである。

ソース

西洋におけるソースの歴史は、マスタードの原型となる調味料が紀元前から使われていたとされる。ホースラディッシュソースは13世紀頃に肉や魚のソースとして使用され、フランス料理の基本的なソースであるベシャメルソースは17世紀に考案された。イギリスでは1835年に、のちに日本のウスターソースの手本となったリーパリン・ウスターソースが誕生した。

だし

日本では、縄文時代に食材を煮て食べるようになる過程で、だしの概念が生まれたとされている。室町時代には現代のカツオ節だしに相当するものが使われていたようである。

サラダドレッシング

フレンチドレッシングのような油と酢を乳化させたものは、古代ローマ時代から存在していた。19世紀になると、アメリカで多様なサラダドレッシングが生み出された。

しょうゆ *Soy Sauce*

日本の台所や食卓に欠かせない調味料

◆濃口しょうゆ
◆淡口しょうゆ
◆たまりしょうゆ
◆再仕込みしょうゆ
◆白しょうゆ
◆だししょうゆ
◆刺身しょうゆ
◆カンジャン
◆生抽
◆老抽
◆ケチャップマニス
◆シジャウ

◆しょっつる
◆いしる
◆イカナゴしょうゆ
◆ナンプラー
◆魚露
◆ヌクマム
◆ナムパー
◆ブドゥ
◆トゥック・トレイ
◆コラトゥーラ
◆肉醤
◆草醤

しょうゆを知る

し
ょ
う
ゆ

しょうゆを知る

しょうゆとは

　大豆に麹菌などを使い、発酵熟成させた日本独自の液体調味料。1963年に制定された日本農林規格（JAS）では、製造方法や原料、特徴などから、「濃口」「淡口」「たまり」「再仕込み」「白」の5種に分類されている。

　国内外で古くから造られている魚醤や肉醤などは厳密にはしょうゆではないが、本書ではしょうゆ系調味料として紹介する。

古代の発酵食品「醤」

4種類の醤

　食物を麹と食塩によって発酵させて造る調味料を「醤」と呼ぶ。醤には旨味成分が凝縮され、原料によって4種類に分けられる。穀醤は大豆や小豆などの穀物を原料とし、私たちが日常的に使うしょうゆもこれに該当する。肉醤は肉を、魚醤は魚を、草醤は野菜や果物などを原料とする。

中国から日本へ

　醤が初めて文献に登場するのは、今からおよそ3000年前の古代中国で、周王朝の『周礼』に記載されている。当時の醤は、主に肉や魚を塩と麹、酒に漬け込んで発酵させた食品で、現代の塩辛に近いものだったと考えられる。一方、日本では醤の類いが、縄文時代後期遺跡から弥生時代中期にかけての住居跡から出土している。本格的に醤が造られるようになったのは5世紀頃で、中国からは「唐醤」、朝鮮半島からは「高麗醤」の製法が伝えられた。その後、日本の醤として発展し、平安時代には醤を製造、販売する者が現れた。

しょうゆの登場

鎌倉時代に登場した「溜」

　鎌倉時代になると、しょうゆの原型となる「溜」が登場した。溜は、みそと分離した液状の調味料のことだが、起源については中国から伝来した説や、みその製法を間違えて偶然

できたなど諸説ある。「しょうゆ」という言葉が初めて日本の文献に登場するのは室町時代で、この頃にたまりしょうゆの原型ができあがり、近畿や讃岐を中心に造られるようになった。

江戸時代には全国各地へと流通

17世紀に江戸幕府が開かれると、物流が盛んになり、江戸にもたまりしょうゆが普及した。江戸では、上方から運ばれてくる「下りしょうゆ」が主流だったが、やがて江戸に近い安房や上総、下総で造られた「関東地廻りしょうゆ（濃口しょうゆ）」が、下りしょうゆの供給を上回るようになった。なお、下りしょうゆは淡口しょうゆとは別物であり、たまりしょうゆと濃口しょうゆの中間に位置するしょうゆである。

この下りしょうゆを手本にして造られたのが濃口しょうゆで、製造工程を大幅に短縮できるようになった。日本のしょうゆが海外へと輸出されるようになったのも、この頃である。

濃口しょうゆの台頭

関東で製造された濃口しょうゆは徐々に生産量を増やし、明治時代には完全に上方しょうゆを圧倒した。しかし、「濃口」という言葉が文献に出てきたのはそう古くなく、1918年刊行の『割烹教科書』が初出である。

昭和以降は製造の近代化が進んだことで生産性が向上し、品質がより安定するようになった。

濃口しょうゆ
淡口しょうゆ
甘口しょうゆ
＊濃口しょうゆをベースに、旨味と甘味を増したマイルドなしょうゆ
たまりしょうゆ

●しょうゆの分布

しょうゆの製造工程

　ここでは「本醸造方式」と呼ばれる、しょうゆの伝統的な製造方法を紹介する。

　蒸した大豆と炒って砕いた小麦を混ぜ合わせ、種麹（たねこうじ）を加えてしょうゆ麹を造る。これを食塩水と一緒にタンクに仕込んでもろみを造り、攪拌（かくはん）を重ねながら半年〜1年以上寝かせる。熟成させたもろみを布で包み、しょうゆを搾り出し、火入れする。時間をかけてじっくり圧搾することで、おいしいしょうゆが生まれる。

混合	蒸した大豆と炒って砕いた小麦を混ぜ合わせる。 
製麹（せいきく）	種麹を加え、高温多湿に保った麹室で2日ほどかけてしょうゆ麹を造る。 
発酵・熟成	しょうゆ麹と食塩水を混ぜ合わせてもろみを造り、かき混ぜながら寝かせる。熟成が進むともろみは粥状になり、色が濃くなる。
圧搾（あっさく）	熟成させたもろみを布に包み、数日かけて徐々に圧搾し、固体と液体に分ける。この分離された液体のことを生揚げしょうゆ（きあげ）という。
火入れ	生揚げしょうゆを加熱殺菌する。加熱することで微生物の活動を止め、色、味、香りを整える。
ろ過	火入れによって分解されなかったタンパク質、乳酸菌、酵母菌などの沈殿物を取り除く。
充填	品質検査の後、容器に詰めて完成。

魚醤の製造工程

　地域によって製法は異なるが、主に魚を塩漬けにして発酵させ、液体を抽出する。

　小魚はそのまま、大きな魚は切ってから食塩と混ぜ合わせる。攪拌しながら数カ月〜1年ほど発酵熟成を行う。魚に含まれている酵素で自然発酵させるのが一般的だが、麹を加えたり、酵素剤を投入して発酵を促進させることもある。魚が熟成してペースト状になったら布でこして圧搾し、得られた液体を火入れする。

混合	魚（もしくはイカ、エビなど）の量に対して20〜30％の重量の食塩を用意し、混ぜ合わせる。	
発酵・熟成	塩漬けにした魚をかき混ぜながら数カ月〜1年ほど寝かせる。熟成が進むと魚の形が崩れ、液化する。	
あっさく 圧搾	液化した魚を布に包み、徐々に圧搾する。	
火入れ	圧搾で得た液体を加熱殺菌する。加熱することで微生物の活動を止める。	
ろ過	目詰まりを防ぐため、浮いた油脂分を除去してからろ過する。ろ過によりタンパク質などの沈殿物を取り除くことができる。	
充填	品質検査の後、容器に詰めて完成。	

濃口しょうゆ

北海道から沖縄まで
日本人に馴染み深い万能のしょうゆ

調理例

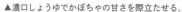
▲濃口しょうゆでかぼちゃの甘さを際立たせる。

DATA

- ■ 分類　しょうゆ
- ■ 主な原料　大豆、小麦
- ■ 発祥国・地域　日本（関東地方）
- ■ 発祥年代　江戸時代

一口メモ
濃口しょうゆは、淡口しょうゆよりも
塩分濃度が2%ほど低い。

　その名の通り、濃い色が特徴の濃口しょうゆは、江戸時代中期の関東地方が発祥のしょうゆである。関東では青魚やクセの強い魚の漁獲量が多かったため、臭み消しの役割として、香りの強い濃口しょうゆが好まれたという。

　通常「しょうゆ」というと濃口しょうゆを指し、日本のしょうゆ生産量の8割以上を占める。さまざまな料理の味付けに使用され、色付けや香り付けにも適している。大豆と小麦の比率は半々で、塩分濃度は16〜18%ほど。特に有名な産地は、利根川の水運が利用できた千葉県の野田市や銚子市、最適な気候・風土の香川県小豆島などがある。

淡口しょうゆ

京料理に欠かすことのできない
素材の味を引き立てるしょうゆ

調理例

▲筑前煮など、素材の色を生かしたい料理に最適。

DATA

- **分類　しょうゆ**
- **主な原料　大豆、小麦、米**
- **発祥国・地域　日本（兵庫県）**
- **発祥年代　江戸時代**

一口メモ
淡口しょうゆの仕込み期間は濃口しょうゆの3割ほど短い。

　1666（寛文6年）年に龍野（現在の兵庫県）で円尾孫右衛門によって開発された、色の薄いしょうゆが淡口しょうゆの始まりとされている。高濃度の食塩で発酵と熟成を抑え、短期間で醸造させるため、濃口しょうゆよりも2%ほど塩分濃度が高く、香りは薄い。生産工程の仕上げに甘酒を加える

ことで旨味が増し、風味豊かなしょうゆになる。特に近畿地方で使われることが多く、煮物やお吸い物など、素材の色やだしの風味を生かしたい料理に最適だ。

　なお、「薄口」と書くと塩分が薄いと誤解されるため、この淡い色合いから「淡口」の字が使われるようになった。

13

たまりしょうゆ

しょうゆの原型となった
とろりと濃厚な味わい

調理例

▲加熱すると赤みがかった照りが出る。

DATA

- ■ 分類　しょうゆ
- ■ 主な原料　大豆
- ■ 発祥国・地域　日本（東海地方）
- ■ 発祥年代　鎌倉時代

一口メモ
蒸した大豆を丸めた「みそ玉」に種麹
を付けて麹を造る。

　東海地方名産のしょうゆで、小麦をほとんど使わずに、大豆を主原料として造られる。色が濃く、とろりとした濃厚な味と旨味が特徴だ。たまりしょうゆの起源は諸説あるが、鎌倉時代、中国から伝わったみその溜を調味料として使ったのが始まりとされる。
　江戸時代中期には一般に広まり、当時はしょうゆといえばたまりしょうゆを指した。ところが、生産量が需要に追いつかなかったため、濃口しょうゆが考案された。現在、たまりしょうゆの生産量は全しょうゆの2％ほどである。刺し身や寿司のほか、照り焼きや煮物、せんべいなどの加工用に使われることが多い。

再仕込みしょうゆ

熱成期間の長い
コクがあるつけしょうゆ

調理例

▲シンプルな料理ほど、再仕込みしょうゆの旨味が感じられる。

DATA

- **分類** しょうゆ
- **主な原料** 大豆、小麦
- **発祥国・地域** 日本（山口県）
- **発祥年代** 江戸時代

一口メモ
こだわりのしょうゆを目指す小規模のメーカーが手掛ける傾向がある。

　仕込みの工程で、塩水のかわりに生じょうゆやしょうゆを用いて造られ、「甘露しょうゆ」、「刺身しょうゆ」とも呼ばれる。濃口しょうゆに比べて2倍の原料と期間を要するため高価だが、深いコクとほのかな甘味があり、刺身などのつけしょうゆに適している。

　1781年に玖珂郡柳井津（現在の山口県柳井市）で開発され、岩国藩主に献納した際に、藩主が「甘露、甘露」と称賛したことから「甘露しょうゆ」と呼ばれるようになった。国内生産量はわずか1％ほどだが、現在も柳井では当時と変わらない製法で、再仕込みしょうゆが造られ続けている。

15

しょうゆ

白しょうゆ

白しょうゆ

淡い琥珀色が美しい
甘味の強いしょうゆ

調理例

▲茶碗蒸しなど、色を付けずに味付けをしたい料理に最適だ。

DATA

- ■ **分類** しょうゆ
- ■ **主な原料** 小麦
- ■ **発祥国・地域** 日本（東海地方）
- ■ **発祥年代** 江戸時代

一口メモ
蒸した小麦と少量の炒った大豆を使用し、加熱処理は行わない。

生産量わずか0.6%ほどの白しょうゆは、愛知県の碧南市の特産品で、江戸時代に金山寺みそを造る際に出た汁を調味料として使ったのが始まりとされる。同じ愛知県の特産品であるたまりしょうゆとは逆で、主原料は小麦で、大豆はほとんど使わない。また、色を薄くするため、醸造期間は3カ月と短い。そのため、淡泊ながら甘味が強く、独特の香りが特徴だ。

あえて旨味やコクを抑えているため、卵焼きや炊き込みご飯、お吸い物や茶碗蒸しなど、素材の風味や色を生かす料理に適している。意外にも塩分は約18%あるので、かけ過ぎには要注意。

だししょうゆ

かつお節、昆布などを加えた
風味豊かなしょうゆ

DATA

■ 分類　しょうゆ加工品
■ 主な原料　しょうゆ、かつお節、昆布など
■ 発祥国・地域　日本
■ 発祥年代　不明

　しょうゆをベースにさまざまな種類のだしをブレンドしたもの。だしの香りと旨味が料理に深みを与え、しょうゆと同じように幅広く使うことができる。かつお節、昆布、あご、牡蠣、雲丹、ホタテ、しいたけ、煮干しなど、日本各地に多種のだしじょうゆがあり、好みや食材によって使いわける。簡単に自家製を作ることもできる。

刺身しょうゆ

コクと旨味が特徴
刺身を引き立てる濃厚な味

DATA

■ 分類　しょうゆ加工品
■ 主な原料　再仕込みしょうゆなど
■ 発祥国・地域　日本
■ 発祥年代　不明

　再仕込みしょうゆは別名「刺身しょうゆ」と呼ばれるが、一般に多く流通している刺身しょうゆは、たまりしょうゆや再仕込みしょうゆにだしや甘味などを加えたしょうゆ加工品である。とろっとしていて食材に絡みやすく、刺身の味が引き立つように造られている。刺身以外にも、卵かけご飯などのかけしょうゆにも適している。

しょうゆ

合わせ醤油

カンジャン

古くから伝わる
韓国料理に欠かせないしょうゆ

調理例

▲ワタリガニをカンジャンで漬け込んだカンジャンケジャン。

DATA

- ■ 分類　しょうゆ
- ■ 主な原料　大豆、小麦など
- ■ 発祥国・地域　韓国
- ■ 発祥年代　不明

一口メモ
日本のしょうゆのように種類があり、料理によって使い分ける。

　韓国で古くから醸造されてきたしょうゆで、韓国では「カンジャン」と呼ばれる。製造方法は2種類あり、伝統的な製法で造られた「在来式醤油（チェレシッカンジャン）」と、1950年代を境に大量生産されるようになった「改良醤油（ケリャンカンジャン）」がある。改良醤油の一つ、醸造醤油（ヤンジョカンジャン）は日本のしょうゆを意味する「倭醤油（ウェカンジャン）」とも呼ばれ、その製法は日本から伝わったものだ。

　家庭でよく使われるカンジャンには主に3種類あり、料理によって使い分けられる。汁醤油（クッカンジャン）は日本の淡口しょうゆに似ており、塩分濃度が高く色が薄い。陳醤油（ジンカンジャン）は甘味が強く加熱料理向き。醸造醤油は風味が豊かで、刺身やかけしょうゆに最適。

生抽

マイルドな塩気が美味
中華料理の基本調味料

DATA

■ 分類　しょうゆ
■ 主な原料　大豆、小麦など
■ 発祥国・地域　中国
■ 発祥年代　不明

　薄い赤褐色をした生抽は、中国広東省や香港で日常的に使われているしょうゆで、炒め料理や蒸し料理などの味付けに用いられる。大豆と小麦粉に米麹と塩水を加えて混ぜ合わせ、約3カ月発酵させて造られる。見た目に反して塩気が強いため、淡口しょうゆと同じ感覚で使わないように注意が必要。

老抽

カラメルの入った
甘味の強いしょうゆ

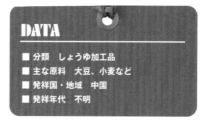

DATA

■ 分類　しょうゆ加工品
■ 主な原料　大豆、小麦など
■ 発祥国・地域　中国
■ 発祥年代　不明

　中国のたまりしょうゆとも呼ばれる老抽は、滑らかなとろみと強い甘味が特徴のしょうゆだ。カラメルを加えた生抽をさらに2～3カ月以上寝かし、複雑な製造工程を経て造られた濃厚なしょうゆとなる。味付けよりも色付けに用いられることが多く、トンポーロウ（豚の角煮）などの煮込み料理には欠かせない。

ケチャップマニス

インドネシア料理に欠かせない
黒く濃厚な甘口しょうゆ

調理例

▲インドネシアの代表的な料理ナシゴレンにも使われる。

DATA

- ■ 分類　しょうゆ
- ■ 主な原料　大豆、小麦、パームシュガー、コリアンダー、ショウガなど
- ■ 発祥国・地域　インドネシア
- ■ 発祥年代　不明

一口メモ
「マニス」は甘いという意味。

　インドネシア料理に多用される、粘り気のある甘いしょうゆ。ケチャップの名が付くが、インドネシアではソース全般をケチャップと呼ぶため、トマトは入っていない。大豆を発酵させ、パームシュガーやコリアンダー、ショウガなどを加えたもので、インドネシアのしょうゆ生産量の9割がこのケチャップマニスである。

　主な用途はナシゴレンやミーゴレンなどの味付け。また、卓上用として、白米や目玉焼きの上にケチャップマニスをかけて食べる人も多い。なお、ケチャップアシンと呼ばれる辛口しょうゆもあるが、ケチャップマニスほどポピュラーではない。

シジャウ

移民によって生まれた
南米ペルーのしょうゆ

調理例

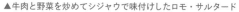

▲牛肉と野菜を炒めてシジャウで味付けしたロモ・サルタード

DATA

■ 分類　しょうゆ
■ 主な原料　大豆、小麦、カラメル色
素など
■ 発祥国・地域　ペルー
■ 発祥年代　20世紀（キッコー社は
1957年創業）

　19〜20世紀にかけて、ペルーでは多くの中国人と日本人が流入したこともあり、しょうゆを模した調味料が造られてきた。なかでも、1957年に創業したキッコー社のシジャウは、ペルーで最もポピュラーなしょうゆとして広く流通している。味は日本のしょうゆに似ているが、カラメル色素が加えられており、とろみがある。なお、キッコー社は日本のキッコーマンと直接の関係はない。

　今やシジャウは、ペルー料理に欠かせない調味料の一つになっており、ペルーの伝統的な料理「ロモ・サルタード」の味付けにもシジャウが使われている。

しょっつる

淡泊な味ながらも
魚の旨味が凝縮

◀別名「カミナリウオ」とも呼ばれるハタハタ。

▲同じく秋田県名物の稲庭うどん。しょっつるを隠し味に。

DATA

- ■ 分類　魚醤
- ■ 主な原料　ハタハタ
- ■ 発祥国・地域　日本（秋田県）
- ■ 発祥年代　江戸時代初期

一口メモ
1990年代のハタハタの不漁で生産者が減少したが、近年は回復傾向にある。

　日本三大魚醤の一つで、秋田県の伝統的な魚醤である。ハタハタをたるに詰め込んで塩漬けにし、1年以上自己消化酵素によって発酵させる。食塩濃度は高く25%あり、成分が凝縮されている。ハタハタ以外にも、アジやイワシ、サバなどを原料にすることもあり、原料魚によって風味が変わる。しょっつる鍋のほか、ラーメンやうどんなどの汁に使われることが多い。

　起源は定かではないが、江戸時代初期に秋田藩主に納められた記録がある。製造業は、1895（明治28）年に佐藤佐七商店が創業したのが始まりとされる。しょっつるの名は、秋田県の方言で「塩汁」を意味する。

いしる

日本海の海の幸と
相性抜群の魚醤

DATA

- ■ 分類　魚醤
- ■ 主な原料　イカ、イワシ、アジなど
- ■ 発祥国・地域　日本(石川県)
- ■ 発祥年代　江戸時代

石川県の奥能登で古くから造られる魚醤で、「いしり」や「よしる」などとも呼ばれる。能登半島の外浦側ではイワシなどの魚を原料にしたいしるが、内浦側ではイカの内臓を原料にしたいしるが造られる。

イカを使ったものは、ややクセのある濃厚な味わいが特徴。少量の麹と酒粕を加えることもある。

イカナゴしょうゆ

一度は途絶えた伝統の味
塩辛さがクセに

DATA

- ■ 分類　魚醤
- ■ 主な原料　イカナゴ、イカ、エビなど
- ■ 発祥国・地域　日本(香川県)
- ■ 発祥年代　不明

イカナゴを原料に、香川県で造られる魚醤で、他の魚醤よりやや塩辛い。刺身のつけしょうゆや、汁物の隠し味に用いられる。讃岐は大豆と小麦が原料のしょうゆの名産地ということもあり、1950年代にイカナゴしょうゆの生産が途絶えてしまった。しかし、伝統の味を取り戻そうと、近年再び生産されるようになった。

しょうゆ

いしる／イカナゴしょうゆ

23

ナンプラー

少量で本格タイ料理の味
風味豊かな魚醤

調理例

▲タイ料理の代表格トムヤムクンにもナンプラーが使われる。

DATA

- 分類　魚醤
- 主な原料　カタクチイワシなど
- 発祥国・地域　タイ
- 発祥年代　20世紀初頭

一口メモ
タイ料理の半分以上のレシピに用いられている。

　独特な香りが特徴のナンプラーは、カタクチイワシを塩に漬け込み、半年〜2年ほど発酵させて造られる魚醤。タイでは料理の味のバランスを整えるのに重宝されており、約60種類の銘柄が販売されている。熟成させてから最初に搾ったものは「一番搾り」と呼び、一級品として出荷される。この一番搾りは、臭みがなくマイルドな口当たりで、つけ汁に適している。

　ナンプラーの歴史はさほど古くなく、タイの華人が、ベトナムの魚醤「ヌクマム」を模して造ったのが始まりといわれている。そのため、ヌクマムとナンプラーは風味がよく似ている。

魚露

塩味と旨味を凝縮
炒め物に合う魚醤

DATA

- ■ 分類　魚醤
- ■ 主な原料　アジ、イワシ、小エビなど
- ■ 発祥国・地域　中国（広東省、福建省）
- ■ 発祥年代　不明

　中国で生産される魚醤は一般に魚露（ユイルゥ）と呼ばれ、主に広東省と福建省、香港で製造される。塩漬けの小魚などを半年～1年ほど発酵、熟成させた魚醤の一種で、生魚を使用する地域もあれば、干物のような状態にしたものを使用する地域もある。

　独特の発酵臭があるが、過熱すると臭みはほとんど消えて旨味が残る。

ヌクマム

ベトナム人が愛してやまない
やさしい味の魚醤

DATA

- ■ 分類　魚醤
- ■ 主な原料　アジ、イワシなど
- ■ 発祥国・地域　ベトナム
- ■ 発祥年代　文献の初出は18世紀末

　ナンプラーに似ているが、ヌクマムは発酵期間が短く、塩分濃度も低い。ベトナムは東南アジアの中でも特に魚醤文化が強く、ヌクマムも200年以上の歴史がある。

　フーコック島で造られたヌクマムは、ブランドを守るため、EUの原産地名称保護（PDO）に認定されている。生春巻きのたれや煮物、炒め物など、幅広く使える。

ナムパー

原料魚は淡水魚
内陸国ラオスの魚醤

DATA

- ■ 分類　魚醤
- ■ 主な原料　淡水魚
- ■ 発祥国・地域　ラオス
- ■ 発祥年代　不明

ラオスではタイやベトナム産の魚醤が主流だが、川で捕れた淡水魚に、塩と米ぬかを加えて発酵させる「パデーク」と呼ばれるペースト状の調味料がある。このパデークから固形部を取り除いた液体が「ナムパー」や「ナムパデーク」と呼ばれる魚醤になる。ナムパーは、ソムタムの味付けによく使われる。

ブドゥ

濃厚で塩気の強い
マレーシアの魚醤

DATA

- ■ 分類　魚醤
- ■ 主な原料　イワシ、ニシンなど
- ■ 発祥国・地域　マレーシア
- ■ 発祥年代　文献の初出は1852年

マレーシア東海岸の魚醤で、家庭でもよく造られる。イワシやニシンなどの海水魚に塩と酸味のあるタマリンドを加え、4〜8カ月発酵させる。水分量が少ないためとろみがあり、塩気が強いのが特徴だ。

マレーシアにはアミエビが原料の「ブラチャン」という調味料もあり、ブドゥと同様よく使われる。

トゥック・トレイ

料理にコクを出す
カンボジアの台所の必需品

DATA
- 分類　魚醤
- 主な原料　淡水魚
- 発祥国・地域　カンボジア
- 発祥年代　不明

　海岸線の短いカンボジアでは、魚醤の原料に淡水魚を用いることが多い。トゥック・トレイは、コイなどの淡水魚を発酵させて造るペースト状の調味料「プラホック」を

ろ過した魚醤である。ライギョを用いたものは高級品とされる。
　スープや炒め物のほか、春巻きなどのつけだれとして食される。

コラトゥーラ

アンチョビのような味わい
あると便利なイタリアの調味料

DATA
- 分類　魚醤
- 主な原料　カタクチイワシ
- 発祥国・地域　イタリア（チェターラ）
- 発祥年代　17世紀頃

　イタリアのアマルフィ海岸に面した町、チェターラでは、アンチョビの原料となるカタクチイワシを発酵させた魚醤が特産品だ。古代ローマ時代のサバやマグロ、カツ

オなどを原料とした魚醤「ガルム」がコラトゥーラの原型になったとされる。
　茹でたパスタにコラトゥーラで味付けをしたシンプルなパスタがおすすめ。

27

肉醤

肉の旨味を凝縮
平安時代のしょうゆ

DATA

■ 分類　肉醤
■ 主な原料　鶏、豚、イノシシなど
■ 発祥国・地域　中国
■ 発祥年代　紀元前

　肉醤（ししびしお）とは、鶏肉、豚肉、イノシシなどの肉や内臓を塩のみ、または塩と麹に漬け、数か月発酵させて造る醤である。肉のタンパク質をアミノ酸に分解することで、その旨味が凝縮し、穀類などの醤とは全く異なる深いコクがあるのが特徴。

　スープの香りづけ、炒め物などに最適な調味料である。

草醤

漬物の原型となった
野菜や果物の醤

DATA

■ 分類　草醤
■ 主な原料　野菜、果物、野草、海藻など
■ 発祥国・地域　中国
■ 発祥年代　紀元前

　草醤（くさびしお）は、日本では肉醤と同じく平安時代に生まれたものだ。野菜や果物のほか、野草や海藻などを塩と酢、粕などで漬けたもので、漬物の原型となっている。中国の雲南省では、ほぐしたタケノコに塩と麹を加えて発酵させる「竹醤（チクジャン）」という調味料が造られている。タケノコの方は干して乾燥させるとメンマになる。

column

みりんの上手な使い方

甘味のある黄味がかった液体の酒類調味料で、40〜50%の糖分を含有している。煮物や麺つゆ、蒲焼のタレや照り焼きのつや出しに使う。みりんは主に3種類ある。

本みりん

原材料は、もち米、米麹、焼酎などの醸造アルコール。蒸したもち米に米麹を混ぜて醸造アルコールを加え、40〜60日ほど熟成したものを、圧搾、ろ過して造る。アルコールが14%程度含まれているので酒税の対象になる。

みりん風調味料

ブドウ糖や水あめなどの糖類に、グルタミン酸などのうま味成分や酸味料、香料を配合してみりんに似せたもの。アルコールは1%未満なので酒税がかからない。アルコールを煮切る必要がないため、加熱を必要としないドレッシングや和え物に使うのがおすすめ。

発酵調味料 (みりんタイプ)

もち米、米麹、アルコールを発酵させて糖類などを加えたもの。8〜20%程度のアルコールを含むが、塩を加えて飲用できないようにしているため、酒類には含まれず酒税がかからない。ただし、塩分が強いため、料理に使う際には注意が必要。

本みりんの効果

◆上品な甘みに仕上がる

本みりんはブドウ糖やオリゴ糖などの多種類の糖で構成されている。そのため、普通の砂糖に比べてまろやかな甘みが付く。

◆料理に照りとツヤを出す

料理の仕上げに本みりんを使うと、これに含まれる複数の糖類が素材の表面を覆い、料理に照りとつやを与えて見た目が良くなる。

◆煮崩れを防止する

糖類とアルコールが、野菜の細胞同士を繋ぎ合わせるペクチンという物質や、肉や魚などの筋繊維が崩れるのを抑え、食材の煮崩れを防ぐ。

◆コクとうま味を出す

もち米から生まれるうま味成分のアミノ酸やペプチドと糖類が複雑に絡み合い、料理に深いコクとうま味が生まれる。

◆味が早く染み込む

アルコールは分子が小さいので素早く食材に浸透し、アミノ酸や有機酸、糖類などの味を食材に染み込みやすくする。これにより料理の味付けが早く均一に仕上がる。

◆食材の臭みを消す

肉や魚を煮る時に本みりんを使うと、食材に染み込んだ本みりんのアルコールが蒸発する。それと同時に肉や魚の臭みも一緒に蒸発し、食材の臭みを消す。

column

料理酒の上手な使い方

　料理酒が日本酒と大きく異なるポイントは、食塩が添加されているものが多いということ。

　純粋なお酒である清酒は飲用目的で販売されているが、料理酒には海水に近い2〜3％ほどの食塩を添加する「不可飲処置」が施される。塩を添加して飲めないようにすることで、酒税の課税対象から外れて値段が安くなるとともに、酒類販売免許を持たない店でも取り扱いができるようになる。また、塩だけではなく水あめやクエン酸などの副原料が含まれている料理酒もある。

料理酒を入れるタイミング

　調味料の入れ方は、基本的には砂糖、塩、酢、しょうゆ、みその「さしすせそ」の順番だといわれている。では料理酒はどのタイミングで入れるのかというと、砂糖の前に入れるのが良いとされている。食材の臭みを取り除くときは下処理の段階で使い、煮物など食材に味を染み込ませるときも最初に料理酒を入れることで効果を発揮する。

　※塩分が含まれている料理酒を使うときは、塩加減に注意しないと予想以上に料理の味が塩辛くなってしまうので注意。また、水あめなどの甘味料が入っている場合は、後に加える砂糖やみりんの量の調整が必要。なので、購入時には原材料をしっかり確認しよう。

料理酒の効果

◆肉や魚などの臭みを消す

　料理酒に含まれるアルコールには、肉や魚などの臭みを取り除いてくれる効果がある。料理酒を食材に直接かけたり、ほかの調味料と合わせた中に食材を漬け込むことで臭みを消してくれる。

　また、加熱するとアルコールが蒸発し、他の臭み成分も一緒に飛ばす効果もある。

◆食材を柔らかくする

　アルコールが肉や魚の筋繊維の中に入り込み、水分を吸収して外に逃がさない状態にする。そのため、食材のパサつきを防ぎ、柔らかくする効果がある。

　また、料理酒に含まれる酸が筋肉組織を弱めて繊維の隙間を大きくし、より多くの水分を蓄えさせる性質があるともいわれている。

◆旨味や風味が加わる

　料理酒に含まれるぶどう糖やショ糖などが、料理に上品な甘さとコクを与える。また、料理酒に含まれているアミノ酸やグルタミン酸などの旨味成分には、料理に旨味や風味を付ける効果がある。

　加熱してアルコールを飛ばして煮切ると、これらの効果をより生かすことができる。

◆煮崩れを防ぎ、味が早く染み込む

　料理酒のアルコールと糖分が食材の細胞の崩壊を防ぐことで煮崩れを防止する。

　また、アルコールは他の調味料より分子が小さく浸透性が高いので、アルコールが食材に染み込むときに他の調味料も染み込みやすくするという特徴がある。これにより味付けが早く済み、調理の時間短縮につながる。

column

いり酒を使ったレシピ

　いり酒とは、日本酒に昆布、かつお節、梅干しなどを加えて煮詰めたもの。室町時代末期に発祥したといわれ、しょうゆが普及する前の江戸時代中期まで広く使われていた。

材料

- 日本酒（純米酒が最適）…200cc
- カツオ節…7g
- 梅干し…1粒
- 昆布（乾燥）…3g
- 塩…2g

作り方

1. 昆布を濡れ布巾で軽く拭いて汚れを取り、側面に切り込みを入れる。
2. 昆布を日本酒に20～30分浸す。
3. 梅干しを加えて半量になるまで弱火で煮詰める。軽く沸いてきたらかつお節を加え、弱火にして約10分煮詰める。
4. ざるやキッチンペーパーでこす。

いり酒を使ったおすすめの料理

◆白身魚のカルパッチョ

材料（3～4人分）

- 白身魚（タイ、スズキなど）…半身
- ベビーリーフ…適量
- エキストラバージンオリーブオイル…適量
- いり酒…適量
- 黒こしょう…適量

作り方

1. 白身魚を薄切りにして、円状に皿に盛りつける。
2. いり酒、エキストラバージンオリーブオイルを等量で合わせ、白身魚にスプーンで回しかける。
3. 黒こしょうを軽くふりかけ、ベビーリーフを飾る。

◆シラスの和風パスタ

材料（2人分）

- パスタ（1.7mm）…160g
- 釜揚げシラスまたはしらす干し…70g
- 青ネギ…6～7本
- エキストラバージンオリーブオイル …小さじ2杯
- いり酒…小さじ6杯

作り方

1. パスタを茹で上げ、熱いうちにオリーブオイルといり酒(小さじ2杯のみ)をからめる。
2. パスタを皿に盛り、シラスを載せてから残りのいり酒(小さじ4杯)をかける。
3. 刻んだ青ネギを散らす。

塩 *Salt*

少量で食材の味を引き立てる

◆完全天日塩 ◆モンゴルロック
◆平釜塩 ◆ブルーロック
◆自然海塩加工 ◆死海
◆イオン交換塩 ◆ウユニ塩湖
◆ピンクロック ◆藻塩
◆クリスタルロック ◆山塩
◆アンデスロック ◆トリュフ塩
◆カラナマック ◆ハーブソルト

塩を知る

塩とは

　塩化ナトリウムを主な成分とし、生命活動の維持に欠かせない調味料。食材に塩味を付けるほか、防腐作用や殺菌作用があるとされ、塩漬けや塩蔵といった保存の目的でも使用される。塩はどこで採られるかにより、岩塩（がんえん）、海塩（かいえん）、湖塩（こえん）の3種類に大きく分けられる。

岩塩とは

　岩塩は、大昔の地殻変動によって陸上に取り残された海水が、長い年月をかけて蒸発し地中で固まったものといわれている。世界の生産量の約6割を占め、主にヨーロッパや北アメリカで採掘される。日本には岩塩層がないため、日本で流通している岩塩は全て外国産。無色または乳白色が多く、産地や地層によっては青、ピンク、赤、黄、紫などの岩塩も見られる。こうした岩塩の結晶の色は、周囲の地層のミネラルや硫黄、有機物の混入などにより変化する。

海塩とは

　世界の生産量の約3割を占める海塩は、海

岩塩

海塩

湖塩

に面した多くの国で造られている。造り方により、海水を天日に干して造る天日塩と、海水を煮詰めて造る煎ごう塩に分けられる。天日塩は、海水を塩田に引き込み、太陽熱と風によって水分を蒸発させた塩。煎ごう塩は、濃縮した塩水を釜で加熱して水分を蒸発させた塩。

また、塩には精製塩と自然塩がある。精製塩は塩化ナトリウムが99%以上になるまで精製された塩で、ミネラルをほとんど含まない。一方の自然塩は再生加工塩と自然海塩に分かれる。再生加工塩には精製塩ににがりを添加したものや、海水塩を溶かして不純物を取り除き、煮詰めて再結晶化したものなど、さまざまな製法がある。自然海塩は伝統的な製法の塩で、海水を塩田で天日干ししたものや、釜炊きしたものなどがある。

湖塩とは

塩分濃度の濃い湖で乾季に採取される塩。かつて海だった場所が地殻変動で陸に閉じ込められて湖となり、次第に水分が蒸発して水中の塩分濃度が高くなった。世界の生産量の1割弱を占め、ウユニ塩湖や死海の塩が代表的。

●塩の結晶の種類

立方体

トレミー（ピラミッド状）

粉砕塩

球状

フレーク状

パウダー状

体内での働き

塩は体内で塩化物イオンとナトリウムイオンに分離して、大切な役目を果たしている。

細胞を正常に保つ

人間の体の細胞は細胞外液という液に囲まれている。ナトリウムイオンはこの細胞外液に多く含まれており、細胞と体液の間の圧力（浸透圧）を一定に保っている。

神経や筋肉の働きの調整

物に触れたときの刺激を脳に伝えたり、脳から体を動かすように筋肉に命令を伝えるのが神経細胞。ナトリウムイオンは神経細胞が刺激や命令を伝える働きをしている。

栄養の消化と吸収を助ける

塩化物イオンは胃酸の主成分であり、胃で食べ物の消化や殺菌を行っている。ナトリウムイオンは、小腸で栄養の吸収に関わっている。

完全天日塩

自然の力を利用した
非加熱の塩

海水を汲み上げ、太陽熱と風力によって水分を蒸発させて結晶化させた塩。加熱処理はしないため、塩本来の味を楽しむことができる。

世界最大の天日塩田はメキシコの砂漠地帯にあるゲレロネグロで、その面積は東京都23区とほぼ同じ。年間生産量は800万t以上にもなる。

平釜塩

気候に左右されない
昔ながらの製塩法

海水を塩田や枝条流下式（しじょうりゅうかしき）で濃縮し、低温の平釜で煮詰めて結晶化させたもの。天日塩が難しい環境でも製塩することができ、日本でも古くからこの製法で造られてきた。

平釜はフライパン状の平鍋を大きくした形で、水分を効率よく蒸発させる。溶けやすく柔らかで食材との馴染みの良い塩が出来上がる。

自然海塩加工

天然塩に
一番近い加工塩

DATA
- 分類　再生加工塩
- 主な原料　海水、にがりなど
- 発祥国・地域　不明
- 発祥年代　不明

自然海塩加工は、溶かした天日塩ににがりを加えて再製する製塩法である。主な成分は塩化ナトリウムだが、にがりを添付することでミネラルが追加され、天然塩に近い塩が出来上がる。原料に使用される天日塩は、オーストラリア産やメキシコ産のものが多い。天然塩より安価ということもあり、日本でも多く流通されている。

イオン交換塩

天候に左右されない
最も効率的な製塩法

DATA
- 分類　再生加工塩
- 主な原料　海水など
- 発祥国・地域　日本
- 発祥年代　1972年

イオン交換膜法は、電気を利用して塩化ナトリウム濃度の高い塩水を採り、真空式蒸発缶で煮詰めて塩の結晶を造る方法。1972（昭和48）年に実用工場が出来て以来、日本の製塩法は、塩田からイオン交換膜法に代わった。純度の高い塩化ナトリウムが精製されるため、しょっぱさが強く、サラサラしている。

塩

ピンクロック

綺麗なピンク色をした
人気の岩塩

DATA

- ■ 分類　岩塩
- ■ 主な原料　岩塩
- ■ 原産国・地域　パキスタン
- ■ 採掘開始時期　13世紀

　岩塩の中でもとりわけ人気の高いピンクロックは、パキスタンの塩鉱山「ソルトレンジ」で採れる岩塩。この地はかつて海だったが、5～6億年前に地殻変動によって海水が干上がり、岩塩山脈となった。

　成分の約96％が塩化ナトリウムで、残りは酸化鉄などの不純物で、ピンク色の素になっている。

クリスタルロック

透明感の美しい
純度の高い岩塩

DATA

- ■ 分類　岩塩
- ■ 主な原料　岩塩
- ■ 原産国・地域　パキスタン、ドイツなど
- ■ 採掘開始時期　13世紀頃

　不純物が少なく、純度の高い岩塩。その名の通り、水晶のような透明感のある輝きが特徴だ。ピンクロックと同じ岩塩層から採掘されるが、採掘量が非常に少ない。ヒマラヤのほか、ドイツやポーランドなどでも採れる。調理用や食卓塩として万能の塩で、素材の味を生かすシンプルな味付けの料理におすすめ。

アンデスロック

太古の海水を凝縮
鉄分豊富なやさしい味

DATA

- ■ 分類　岩塩
- ■ 主な原料　岩塩
- ■ 原産国・地域　アンデス山脈
- ■ 採掘開始時期　不明

　4000m級の山々が連なるアンデス山脈は、南米の7カ国にまたがる山脈だ。約3億年前、地殻変動によって海底にあった山脈が隆起して干上がり、薄ピンク色の岩塩が採掘されるようになった。

　豊富なミネラル、主に鉄分を多く含んでいる。まろやかな塩気が特徴で、ほのかに甘味が感じられる。

カラナマック

アーユルヴェーダに
なくてはならない貴重な塩

DATA

- ■ 分類　岩塩
- ■ 主な原料　岩塩
- ■ 原産国・地域　インド
- ■ 採掘開始時期　不明

　ヒマラヤの山地で何億年もかけて生成された岩塩で、「インディアン・ブラックソルト」とも呼ばれる。塩化ナトリウムのほか、硫黄成分が含まれているため、独特な匂いがする。

　アーユルヴェーダでは、胃腸や皮膚の疾患に処方されてきた。デトックス効果も高く、入浴剤としてもおすすめ。

モンゴルロック

ミネラルがたっぷり
塩気は控えめでマイルド

DATA
- ■ 分類　岩塩
- ■ 主な原料　岩塩
- ■ 原産国・地域　モンゴル、ロシア
- ■ 採掘開始時期　不明

モンゴルとロシアにまたがる世界遺産ウヴス・ヌール盆地の岩塩鉱山から採れる岩塩。色は、薄いグレーや薄いピンク色をしている。カルシウムやカリウム、亜鉛が豊富で、体に必要なミネラルが多く含まれている。マグネシウムがないため苦みが少なく、マイルドな味わいが特徴。焼き魚など、和食と相性がよい。

ブルーロック

青い色が美しい
希少価値の高い岩塩

DATA
- ■ 分類　岩塩
- ■ 主な原料　岩塩
- ■ 原産国・地域　イラン
- ■ 採掘開始時期　不明

イラン北部のセムナーン地方の塩鉱山で採掘される岩塩。ほとんどが白や黄色の岩塩鉱床だが、わずかに青い岩塩が採掘でき、非常に希少価値が高い。青い色はカリウムとシルビナイト（岩塩とカリウム塩の混合物）由来である。ナトリウムが少なく、強くシャープな味が特徴。肉料理やクセの強い料理などに適している。

死海

あまり知られていない
死海の食用塩

原産地

▲イスラエル南部、死海の西岸に位置する街エン・ボケック。

DATA

■ 分類　湖塩
■ 主な原料　湖水
■ 原産国・地域　イスラエル、ヨルダン
■ 採掘開始時期　不明

一口メモ
死海は砂漠地帯のため、水が蒸発して
塩分濃度が高くなるといわれている。

　死海はアラビア半島北西部に位置する塩湖で、湖水の塩分濃度は約30％。一般的な海水の30倍ほどのミネラルが含まれている。塩化ナトリウムは8％と少なく、にがりの主成分である塩化マグネシウムが40％含まれているため、非常に苦いのが特徴だ。そのため、主に工業用や入浴剤、化粧品などに使われる。

　食用にするには、湖水を天日干しした後、塩化マグネシウムなど不要なものを取り除いて新たに配合する必要がある。こうして出来上がった塩は、クセのない万能な塩となる。ナトリウムを控えたい人におすすめのマイルドな塩。

ウユニ塩湖

料理に深みを出す
伝統的な製法の塩

原産地

▲トラックに積まれた塩（Free Wind 2014 / Shutterstock.com）。

DATA

- 分類　湖塩
- 主な原料　湖に堆積した原塩
- 原産国・地域　ボリビア
- 採掘開始時期　不明

一口メモ
肉や魚介類のグリルなどに使用すると、素材の味を引き立たせてくれる。

　絶景スポットとして世界的に有名なボリビアのウユニ塩湖。標高約3700mの場所に位置し、面積は1万㎢を超える。約3億年前、アンデス山脈が隆起した際に、大量の海水がそのまま山の上に残され、塩湖が形成された。

　湖には、かき集められた小さな塩の山が並んでいる。塩は、加工工場で3日間天日干しをした後に、30分ほど熱してから再度乾燥させ、粉砕機で細かく砕くという伝統的な製塩法で造られる。塩の結晶がピラミッド形をしていることから、別名「ピラミッドソルト」とも呼ばれる。マイルドな味で重宝される天然塩。

Seaweed Salt

藻塩

海藻のミネラルを含む
まろやかで旨味の強い塩

DATA

■ 分類　藻塩
■ 主な原料　海水、海藻
■ 原産国・地域　日本
■ 発祥年代　3世紀頃

　ホンダワラやアカモクといった海藻に海水を注ぎ、それを火にかけて、上澄みの液体を煮詰めて造る塩である。藻塩は古墳時代から造られており、万葉集や平安時代の和歌にも詠まれている。カルシウムやカリウムが多く含まれており、まろやかな味わいが特徴だ。焼き魚や刺身など、魚介類との相性が良い。

Mountain Salt

山塩

山間部で造られる
貴重な塩

DATA

■ 分類　山塩
■ 主な原料　地下水
■ 原産国・地域　中国、日本など
■ 発祥年代　漢代

　山間部で採れる天然の塩で、「井塩」とも呼ばれる。地下水や温泉の源泉を煮詰めて精製され、海塩とは異なる独特の味わいがある。日本では、江戸時代から造られるようになり、福島県の大塩裏磐梯温泉や長野県の鹿塩温泉の山塩が有名だ。生産量が非常に少ないため、希少な塩として人気がある。

トリュフ塩

一振りでぜいたくな料理に
高級感を味わえる魔法の塩

調理例

▲トリュフをふんだんに使ったぜいたくなトロフィエ。

DATA

- ■ **分類**　合わせ塩
- ■ **主な原料**　塩、トリュフ
- ■ **原産国・地域**　イタリア、フランスなど
- ■ **発祥年代**　不明

一口メモ

黒トリュフ塩は調理中に、白トリュフ塩は調理後にかけるのがおすすめ。

　独特な香りが特徴のトリュフは「世界三大珍味」の一つで、高級食材としても知られている。トリュフ塩とは、フリーズドライさせたトリュフと、岩塩もしくは海塩を合わせた調味料で、イタリアンやフレンチを中心に、世界中のシェフによく使用されている。トリュフには黒と白があるが、白トリュフの方が香りが芳醇で高価である。黒トリュフは、フランスなどのヨーロッパ産が有名だが、安価な中国産などもあり、近年は家庭用やギフトとして注目を集めている。

　ステーキやオムレツ、パスタなどによく合うが、和食や中華にもトリュフの香りを添えることができる。

ハーブソルト

グリル料理におすすめ
一振りでプロの味

調理例

▲肉や魚の臭み消しにも便利だ。

DATA

- **分類** 合わせ塩
- **主な原料** 塩、ハーブ
- **原産国・地域** 世界各地
- **発祥年代** 不明

一口メモ
肉・魚・野菜などあらゆる素材と相性
が良い。

その名の通り、タイムやオレガノなどの
ハーブと合わせた塩で、味付けと香り付け
を同時に行うことができる。ハーブソルト
のなかでも、一般によく知られている「ク
レイジーソルト」は、空洞でピラミッド型
の岩塩をベースに6種類のハーブとスパイ
スがミックスされた商品で、1960年頃か
らアメリカで発売が始まり、日本への輸入
は1969年頃から始まった。

また、細かく刻んだハーブと塩を混ぜる
だけで簡単にハーブソルトを作ることがで
きるため、好みのハーブを使ってオリジナ
ルを作るのもおすすめ。ドライハーブより
新鮮なハーブのほうが香りが良い。

column

日本の塩造りの歴史

塩を得るために

　日本は四方を海で囲まれた島国なので、昔から塩造りが盛んで簡単に塩が得られるように思われる。しかし、湿度が高く平地面積が狭いため、海外のように塩田で数年かけて塩を結晶化させるという方法は、一部の地域を除いて困難だった。そのため、少ない労力で海水中の塩を効率的に取り出すためにさまざまな工夫をしてきた。

　海水から製塩するには、直接海水を煮詰めて塩を造るより、濃度の高い塩水を造ってから煮詰めた方が効率が良い。そのために、なるべく多くの海水の水分を飛ばし、かん水と呼ばれる濃い塩水を造る。この作業を採かんといい、かん水を煮詰める作業を煎ごうという。この、日本独自の製塩技術は、歴史とともに大きな進歩を遂げていく。

初期の製塩法・藻塩焼き

　日本で最も原始的な塩造りの方法は海藻を使った塩造りで、藻塩焼きと呼ばれる。詳しい工程は判明していないが、縄文時代の終わりから弥生時代にかけては、焼いた海藻の灰そのものを塩として使用していたと考えられている。奈良時代または平安時代初期になると、焼いた海藻の灰塩に海水を注ぎ、かん水を採る方法や、海藻を積み重ねて上から海水を注いでかん水を得て、これを煮詰める方法が生み出されたとみられる。

より効率的な塩田方式へ

　藻塩焼きを元に、塩造りに知恵や工夫が施され、より効率的に塩を生産する方法が開発された。そのうちの一つが塩田方式で、海岸に造られた砂地に海水を入れ、天日と風で水分を蒸発させた後、塩砂を集めて海水で洗ってかん水を造り、それを製塩釜で煮詰めて塩を造る。塩田方式には主に3種類ある。

▲揚げ浜式塩田。

・中世に編み出された、人力で海水を塩田まで運ぶ、揚げ浜式塩田

・17世紀半ばから昭和30年代まで続いた、潮の干満差を利用して塩田に海水を引き込む、入浜式塩田

・昭和20年代後半に入浜式塩田から転換した、竹の小枝を吊るした装置の上から海水を流し、太陽熱と風で水分を蒸発させる、流下式塩田

　現在では最新技術を駆使したイオン交換膜法が発達し、産業施設としての塩田は日本各地で姿を消したが、つい数十年前までは塩田方式が日本の塩造りの主流だった。

▲流下式塩田（Drummingjack / Shutterstock.com）。

column

日本人と塩の文化

　塩に防腐や殺菌効果が期待できることは古来から知られており、これが転じて、塩は悪いものを清めるという考えに発展したといわれている。また、塩の純白が無垢を表すことも相まって、穢れ（けがれ）をはらい浄化する力があると見なされるようになった。この考えは現代でも根付いており、塩を供えたり、神道行事で使用する風習がある。

相撲と塩の関係

　相撲は、もともとはその年の五穀豊穣を祈るために行われたのが始まりともいわれている。そのため相撲は神聖なものであり、力士が取組の前に土俵に塩をまくのは、土俵を清めて神聖な場所にするという意味がある。また、けがをしないように神に祈るという意味合いもあり、けがをした箇所に塩をふりかける力士の姿も見られる。時には、力士ではなく呼出が取組の合間に土俵上に塩をまくことがある。これは、その前の取組で土俵上でけが人が出たときなどに、一度土俵を清めるという意味でまかれている。一回の場所で使用される塩の量は600kg以上になる。

▲土俵で塩をまく力士（J. Henning Buchholz / Shutterstock.com）。

盛り塩

　盛り塩とは、塩を三角錐型に盛り、玄関先や家の中に置く風習であり、主に縁起担ぎや厄よけ、魔よけの意味を持つ。

　盛り塩の由来の一つに、西晋の初代皇帝の武帝（ぶてい）もしくは秦（しん）の始皇帝（しこうてい）を起源とする説がある。当時の皇帝には多くの女性がおり、皇帝は毎晩牛車が止まった所を晩の宿としていた。そこである女性は、牛車が自分の家に止まるように、牛の好きな塩を戸口に置いた。すると牛が止まって塩を舐め続け、彼女は皇帝を独り占めできたという。このことから、盛り塩はチャンスや福を与えるものとして捉えられ、日本に伝わった際に縁起担ぎやお浄めへと用途が変わったという。

▲玄関に置かれた盛り塩。

　一方、盛り塩の由来は神事や仏事に基づくという見方もある。かつて、まだ科学が未発達だった時代に人が亡くなるということは災厄の一つであった。その災厄を避けるために考えられたのが、塩を使って清めるという方法だったという。

酢 *Vinegar*

健康食品としても人気の調味料

◆米酢　　　　　　　　◆ホワイトビネガー
◆粕酢　　　　　　　　◆バルサミコ酢
◆黒酢　　　　　　　　◆ワインビネガー
◆香酢　　　　　　　　◆シードルビネガー
◆大麦黒酢　　　　　　◆ポン酢
◆ハトムギ酢　　　　　◆二杯酢・三杯酢
◆モルトビネガー　　　◆土佐酢

酢を知る

酢とは

　主に酢酸を3〜5％程度含んだ、酸味のある調味料。酢酸のほかに、クエン酸、アミノ酸、グルコン酸、リンゴ酸、乳酸などの有機酸を含むこともある。一般的に、料理に使われる酢は食酢と呼ばれ、原料になる穀物または果実から醸造酒を製造し、そこへ酢酸菌（アセトバクター）を加えて酢酸発酵させた液体調味料を指す。

酢の歴史

古代の酢

　有史以前、人類が酒を造るのとほぼ同時期に、酢も造られるようになったと考えられている。酢の起源は古く、紀元前5000年頃の古代バビロニアでは、干しブドウやナツメヤシを使って酢を造っていたということが分かっている。また、旧約聖書にはワインから造った酢について記述されている。古代ローマでは水に酢を加えた「ポスカ」という清涼飲料水が日常的に飲まれていたという。

伝統的な製法

　西欧に古くから伝わる酢の製造方法に、オルレアン製法というものがある。たるの中に希釈したワインを空気と一緒に詰め、酢酸菌膜を加えてゆっくりと発酵させる。出来上がった酢を定期的に抜き、新しくワインを継ぎ足す。現代的な製造法に比べて空気に触れる部分が少ないため、発酵と熟成に時間がかかるが、香り高い酢が出来上がる。現在、このオルレアン製法で酢を造っているのは、フランスのマルタンプーレという老舗の酢製造所のみといわれている。

　他の製造方法として、18世紀に発明された滴下方式と、より現代的な液中培養方式がある。滴下方式は、表面に小さな穴がたくさん空いた素材に酢酸菌を付け、そこにワインを繰り

返し注いで効率よく酢酸菌を働かせて造る方法。液中培養方式は、醸造酒をかき混ぜて空気を含ませてから菌を入れて発酵を促す。

日本の酢造り

日本へは4〜5世紀頃に中国から米酢の醸造技術が伝えられ、和泉国（現在の大阪府南部）で造られるようになったのが始まりとされている。718年に制定された養老律令には、役人が酒と共に酢を造っていたことが記されている。この頃の酢は上流社会の高級調味料として、また漢方の一種や薬とされており、庶民には手が届かなかった。

酢が調味料として一般に広まったのは、江戸時代になってからのこと。酢の製法が全国各地に広まったと同時に、酢を使用した寿司などの料理が多く生まれた。

その後、大正時代になると、安く大量に生産できる合成酢が登場した。これは石油や石灰石を原料とした氷酢酸を薄め、数種類の食品添加物を加えたもの。戦時中や戦後の食糧難の時代には、米を原料として酢を造ることが禁止されていたため、一時はこの合成酢が主流だった。

昭和45年から、氷酢酸を少しでも使った酢には合成酢の表示が義務づけられるようになると、醸造酢の生産が合成酢を上回るようになった。現在は、市場に流通しているほとんどの酢を醸造酢が占めている。

酢の分類

農林水産省が定めた「食酢品質表示基準」によると、食酢は醸造酢と合成酢の2つに大別され、醸造酢はさらに穀物酢（米酢、米黒酢、大麦黒酢）と果実酢（リンゴ酢、ブドウ酢）に分類される。ポン酢や二杯酢、土佐酢などは加工酢と呼ばれ、食酢とは区別される。

●食品表示基準による食酢の分類（概略）

醸造酢	穀類、果実、野菜、その他農産物、はちみつ、アルコール、砂糖類を原料に酢酸発酵させた液体調味料で、氷酢酸または酢酸を使用していないもの。		
	穀物酢	醸造酢のうち、原材料として1種または2種以上の穀類を使用したもので、その使用総量が醸造酢1ℓにつき40g以上のもの。	
		米酢	穀物酢のうち、原材料として米の使用量が穀物酢1ℓにつき40g以上のもの（米黒酢を除く）。
		米黒酢	穀物酢のうち、原材料として米（玄米のぬか層の全部を取り除いて精米したものを除く）またはこれに小麦もしくは大麦を加えたもののみを使用したもので、米の使用量が穀物酢1ℓにつき180g以上、発酵および熟成によって褐色または黒褐色に着色したもの。
		大麦黒酢	穀物酢のうち、原材料として大麦のみを使用したもので、大麦の使用量が穀物酢1ℓにつき180g以上、発酵および熟成によって褐色または黒褐色に着色したもの。
	果実酢	醸造酢のうち、原材料として1種または2種以上の果実を使用したもので、その使用総量が醸造酢1ℓにつき果実の搾汁として300g以上のもの。	
		リンゴ酢	果実酢のうち、リンゴの搾汁が果実酢1ℓにつき300g以上のもの。
		ブドウ酢	果実酢のうち、ブドウの搾汁が果実酢1ℓにつき300g以上のもの。
合成酢	氷酢酸または酢酸の希釈液に砂糖類等を加えた液体調味料、もしくはそれに醸造酢を加えたもの。		

米酒

酢

米酢

まろやかで香りが強く
日本料理に最適

調理例

▲酢飯の出来栄えがちらし寿司全体の味を左右する。

DATA

- **分類** 穀物酢
- **主な原料** 米
- **原産国・地域** 中国
- **発祥年代** 紀元前1200年頃

一口メモ
米酢にはクエン酸が多く含まれており、その健康効果が注目されている。

　米酢は、米を原料にして造られた酢で、厳密には酢1ℓ当たり40g以上の米を使用しているものを指す。米酢の種類には、米だけを原料に使った純米酢や、玄米だけを使った玄米酢がある。中国では紀元前1200年頃から米酢が造られており、日本では4〜5世紀頃に中国から酒を造る技術ととも

に、和泉国（現在の大阪府南部）に伝えられた。
　米の甘味やまろやかさが特徴で、この香りを生かして酢飯や酢の物など、加熱しない料理に適している。また、酢酸にはアルカリ性の性質を持つ水垢などの汚れを中和する効果があるため、清掃にも使用される。

粕酢

江戸前寿司には欠かせない
香りの強い赤酢

調理例

▲粕酢を使った酢飯は赤シャリと呼ばれる。

DATA

- ■ 分類　穀物酢
- ■ 主な原料　酒粕
- ■ 原産国・地域　日本（愛知県）
- ■ 発祥年代　1800年代

一口メモ
酒粕に含まれる糖分やアミノ酸が酢を褐色に変化させている。

　粕酢は、酒粕を酢酸発酵させて造られる酢で、主に寿司酢に利用される。特に、長期間熟成させた酒粕を原料として造られた粕酢は、赤みを帯びていることから「赤酢」とも呼ばれる。米酢に比べて香りが強く、ほかに甘く旨味が深い。

　1804年、尾張国（現在の愛知県）出身の

「ミツカン」創業者・中野又左衛門は酒造家でありながら、江戸の米酢不足に目をつけて粕酢の製造を始めた。米酢より安価な粕酢は、シャリの乾燥や劣化を防ぐため、江戸前寿司に欠かせない調味料になった。現在は一般にはほとんど流通しておらず、粕酢を使う飲食店も限られている。

黒酢

美容や健康効果にも注目
栄養価の高い酢

調理例

▲豚の角煮に黒酢を使うと、さっぱりとした味になる。

DATA

- 分類　穀物酢
- 主な原料　米
- 原産国・地域　日本
- 発祥年代　1800年代

一口メモ
酸味よりも甘味や旨味が際立つまろ
やかな味わい。

　黒酢に含まれるアミノ酸がダイエットに、クエン酸が疲労回復に効用があるとされ、健康食品の一つとしてブームを呼んだ。米を原料に長時間かけて発酵・熟成させ、糖とアミノ酸が反応してできた色素によって濃い琥珀色になる。1800年代、鹿児島県の福山で黒酢造りが始まったとされる。福山の黒酢は、屋外に置いたアマンつぼと呼ばれるかめつぼを用いて、半年から3年もの時間をかけて醸造する。

　炒め物などの調理用にはもちろん、ドレッシングやドリンクなどにもおすすめ。ただし、空腹時の摂取や過剰摂取は腹痛や嘔吐などのリスクがあるため、注意が必要。

香酢

柔らかな酸味が特徴
中華料理に欠かせない調味料

調理例

▲香酢としょうゆを合わせた小籠包。

DATA

■ 分類　穀物酢
■ 主な原料　もち米、コーリャン、あわ、大麦など
■ 原産国・地域　中国
■ 発祥年代　不明

一口メモ
水分をほとんど加えずに発酵させる。

　中国で造られる黒酢の一種。日本の黒酢が米から造られているのに対し、香酢はもち米やコーリャン、あわや大麦などを原料にしている。独特な香りから香酢と名付けられ、中国で酢といえば香酢のことを指す。地域によって原料や製法が異なるが、特に中国三大名酢に挙げられる江蘇省鎮江市の「鎮江香醋」、山西省の「山西老陳醋」、福建省の「永春老醋」は有名である。

　加熱しても香りが飛ばないため、酢豚などの調理用にはもちろん、小籠包や水餃子、上海ガニのタレなどによく用いられる。日本では健康食品の一つとしても知られており、サプリメントなどが流通している。

大麦黒酢

大麦のみで造られた
さっぱりとした黒酢

DATA

- ■ 分類　穀物酢
- ■ 主な原料　大麦
- ■ 原産国・地域　不明
- ■ 発祥年代　不明

1ℓあたり180g以上の大麦を使用して造られた酢で、発酵や熟成によって褐色になる。アミノ酸やカリウム、マグネシウムを豊富に含んでおり、高血圧や動脈硬化などの生活習慣病の予防が期待できる。米黒酢よりもさっぱりとした味わいが特徴で、酢豚や黒酢あんかけなどの味付けに適している。

ハトムギ酢

美肌効果抜群
栄養素が豊富な酢

DATA

- ■ 分類　穀物酢
- ■ 主な原料　ハトムギ
- ■ 原産国・地域　不明
- ■ 発祥年代　不明

ハトムギ酢の原料であるハトムギは、南アジア原産のイネ科ジュズダマ属の植物である。種皮を取り除いた種子は「ヨクイニン」と呼ばれ、漢方として活用される。酢にした場合も効能は変わらず、疲労回復や生活習慣病予防のほか、美肌効果も期待できるため、健康飲料として使用されることが多い。

モルトビネガー

イギリスで古くから
親しまれている麦芽酢

DATA
- ■ 分類　穀物酢
- ■ 主な原料　大麦
- ■ 原産国・地域　イギリス
- ■ 発祥年代　17世紀

　大麦麦芽を原料とした麦芽酢のことを指し、米酢と比べると酸味が強いが、豊かな香りとコクがある。同じく大麦麦芽を原料とするエールビールが好まれるイギリスでは、古くからモルトビネガーが造られ、フィッシュアンドチップスに欠かせない調味料として親しまれている。煮込み料理やサラダマリネなどにも適している。

ホワイトビネガー

食用以外も便利
汎用性の高い酢

DATA
- ■ 分類　穀物酢
- ■ 主な原料　トウモロコシ、大麦、テンサイなど
- ■ 原産国・地域　不明
- ■ 発祥年代　不明

　トウモロコシや大麦、テンサイなどの穀物を原料に醸造アルコールを発酵して造られる無色透明の酢で、あっさりとしている。白ワインビネガーとは別物である。欧米では一般的で、サラダやマリネなどに使用される。また、香りが弱く揮発性があるため、掃除や除菌、柔軟剤や草木の肥料としても用いられる。

バルサミコ酢

長期熟成によって生まれる
芳しい香りと独特の甘味

調理例

▲ラムチョップのバルサミコソースがけ。

DATA

- **分類** 果実酢
- **主な原料** ブドウ
- **原産国・地域** イタリア北部
- **発祥年代** 18世紀頃

一口メモ
名前の由来はイタリア語の「芳香がある」という意味に基づく。

　濃縮したブドウの搾汁を発酵させ、木のたるに入れて長期間熟成させた酢。ワインビネガーよりも芳醇な香りと濃厚な味わいが特徴だ。イタリア北部のモデナ、またはレッジョ・エミリアで、最低12年以上熟成させて造られたバルサミコ酢だけがDOP（原産地名称保護制度）に指定される。熟成期間によって格付けされ、中でも25年以上熟成されたものは「ストラヴェッキオ」と呼ばれ、非常に高価で希少なものである。

　ドレッシングのほか、肉や魚のソース、煮物などに最適だ。また、独特の甘味があるため、アイスクリームやヨーグルトなどのデザートのソースとしてもおすすめ。

ワインビネガー

ポリフェノールたっぷり
生活習慣病の予防に

調理例

▲ワインビネガーを使った赤タマネギとオレガノのマリネ。

DATA

- ■ 分類　果実酢
- ■ 主な原料　ブドウ
- ■ 原産国・地域　ヨーロッパ
- ■ 発祥年代　18世紀頃

一口メモ
米酢や黒酢と比べて糖質やカロリーが低く、ヘルシーな酢として知られる。

　ブドウの搾汁の使用量が1ℓあたり300g以上の果実酢で、「ブドウ酢」とも呼ばれており、醸造したワインをさらに酢酸発酵させて造られる。ヨーロッパでは古くから流通しており、特にフランス北部のオルレアンで、中世より続く伝統的な製法で造られる白ワインビネガーは有名。コクのある赤ワインビネガーは脂の乗った肉や魚のソースに、すっきりとした白ワインビネガーは淡泊な魚の味付けやマリネなどに適している。

　ポリフェノールが含まれているため、動脈硬化や高血圧、糖尿病の予防、抗酸化作用があるといわれる。

シードルビネガー

美肌やダイエットなど
セレブに大人気のリンゴの酢

調理例

▲シードルビネガーをかけたサラダは程良い酸味が美味。

DATA

- ■ 分類　果実酢
- ■ 主な原料　リンゴ
- ■ 原産国・地域　不明
- ■ 発祥年代　不明

一口メモ
アメリカでは酢といえばシードルビネガーを指すほど一般的な酢。

　リンゴの搾り液を原料として醸造した発泡酒のシードルを酢酸発酵させて造る酢で、「リンゴ酢」とも呼ばれる。世界中で造られているが、とりわけフランス北西部に位置するノルマンディ地方産のシードルビネガーが有名。ほのかなリンゴの甘味と軽い酸味が特徴で、ドレッシングやマリネ、煮込み料理のほか、インド料理に欠かせないソースのチャツネなどにも使用される。

　美肌やダイエットに効果があるとされ、水と蜂蜜を加えてビネガードリンクとして楽しむのもおすすめだ。他の酢に比べて酢酸成分が少なく飲みやすいが、飲み過ぎると胃痛を引き起こすため注意が必要である。

ポン酢

あらゆる料理に合う
かんきつの爽やかな酸味

調理例

▲ポン酢としょうゆをかけたタラの白子。

DATA

■ 分類　加工酢
■ 主な原料　かんきつ系果汁、酢
■ 原産国・地域　日本
■ 発祥年代　1800年代

一口メモ
ポン酢のかんきつ系果汁に含まれる
クエン酸には疲労回復の働きがある。

　ダイダイ、ユズ、スダチやカボスなど、かんきつ系の果汁に酢を加えた調味料で、煮物や炒め物、鍋や餃子のタレなどにすっきりとした風味を足すことができる。

　江戸時代、オランダから長崎に伝わった「ポンス」と呼ばれるかんきつ類の果汁を使ったアルコール飲料が、ポン酢の原型とさ

れる。やがて、かんきつ類の果汁は調味料として広まり、日持ちをさせるために酢を加えるようになった。ポン酢はそれまで東日本ではあまり浸透していなかったが、1980年代になると、大手調味料メーカーの営業努力の甲斐もあり、醤油入りポン酢が家庭の定番調味料となった。

61

二杯酢・三杯酢

素材の味を引き出す
日本人お馴染みの味

DATA
- ■ 分類　加工酢
- ■ 主な原料　二杯酢：酢、しょうゆ／三杯酢：酢、しょうゆ、みりん
- ■ 原産国・地域　日本
- ■ 発祥年代　不明

　二杯酢は、酢としょうゆを同量合わせたもの。実際には、酢3：しょうゆ2の割合にすることが多く、塩やだし汁を加えることもある。一方、酢としょうゆ、みりんを一杯ずつ合わせたものを三杯酢と呼ぶ。現在は酢2：みりん2：しょうゆ1で合わせることが多い。甘味と酸味と旨味が調和しており、酢の物などに使われる。

土佐酢

さっぱりまろやか
旨味とコクのある酢

DATA
- ■ 分類　加工酢
- ■ 主な原料　酢、しょうゆ、みりん、かつおだし
- ■ 原産国・地域　日本
- ■ 発祥年代　不明

　三杯酢に鰹節で取っただしを加えたもので、土佐（現在の高知県）がカツオの名産地であることから土佐酢と呼ばれる。かつおだしは酢カドを抑え、酸味をまろやかにする役割がある。
　カツオのたたきや和え物、南蛮漬けなどにおすすめだ。ジュレにすると涼感が増し、華やかな印象になる。

column

果実酢の作り方

酢に果物を漬け込んで造られる果実酢。自宅で作るとなると一見手間がかかりそうだが、作り方はとても簡単。おいしく手軽に毎日の食生活に取り入れてみては。

材料

- お好みの果物…300g
- 氷砂糖…300g
- 酢（リンゴ酢、黒酢、米酢など）…300g

（果物、氷砂糖、酢の量は、それぞれ1:1:1が目安）

作り方

1. 果物を食べやすい大きさに切り、余分な水分を拭き取る。
2. 煮沸消毒した容器に氷砂糖と果物を交互に入れ、果物が浸るまで酢を注ぐ。
3. 約1週間、毎日1回以上は容器を揺すり、果物を酢に浸らせる。氷砂糖が解けたら出来上がり。

漬け込んだ果物は1〜2週間ほどで取り出し、食べることができる。

漬け込んでいる間は常温で保存できるが、出来上がった果実酢は冷蔵庫で保存する。1年ほど保存可能だが、新鮮な1カ月程度のうちに飲み切るのがおすすめ。

◆注意

漬け込んだ果物が浮いて空気に触れるとカビが生えることがあるので、氷砂糖が解けるまで毎日容器を揺する。

原液のままたくさん飲むと胃に強い刺激があるので、1日15〜30ccを水などで4倍以上に薄めて飲むこと。

果実酢のアレンジ方法

炭酸水で割って爽やかな口当たりに。暑い日や風呂上がりに飲むと気分がすっきり。

牛乳や豆乳で割ると酸味がまろやかに。酢が苦手な子どもでも飲みやすくなる。

漬け込んだ果物と一緒にプレーンヨーグルトに添えて。甘酸っぱいデザートに早変わり。

砂糖 *Sugar*

製菓や調理に世界中で使われる甘味料

◆グラニュー糖　　　◆黒砂糖
◆白ザラ糖　　　　　◆きび砂糖
◆中ザラ糖　　　　　◆テンサイ糖
◆上白糖　　　　　　◆パームシュガー
◆三温糖　　　　　　◆メープルシュガー

❖ Knowledge of Sugar ❖

砂糖を知る

砂糖とは

　炭水化物の一種のショ糖を主成分とする天然の甘味料。サトウキビやテンサイの搾り汁を精製し、結晶化して造られる。製法上では精製糖（分蜜糖）と含蜜糖の2つに大別される。精製糖とは、製造過程で生じた糖分の結晶と糖蜜とを分離し、結晶のみを取り出したもので、ザラメ糖、車糖、加工糖などに分かれる。

精製糖

　ザラメ糖は結晶が大きく透明で、糖度が99％以上ある。上品な甘味があり、ゆっくり溶けることから、果実酒やお菓子、清涼飲料などに使われる。白ザラ糖、中ザラ糖、グラニュー糖などが含まれる。
　車糖はザラメ糖より結晶が小さく、糖度は94〜96％程度。粒子がくっつきやすいので、少量のビスコ（砂糖を塩酸で分解してブドウ糖と果糖にしたもの）が加えられている。そ

のためややしっとりして色が付きやすい。上白糖、三温糖などが含まれる。
　加工糖は精製糖をさらに加工したもので、角砂糖、氷砂糖、粉砂糖などがある。

含蜜糖

　原料の搾り汁から不純物を除き煮詰めて結晶化させた、糖蜜成分を含んだままの砂糖。黒砂糖、きび砂糖、テンサイ糖、パームシュガーなどが含まれる。

砂糖の役割

　砂糖は高い親水性を持ち、食品の調理や加工において重要な役割を果たしている。ジャムのように砂糖をたくさん使った食品が腐りにくいのは、砂糖が食品の水分を抱え込み、微生物が水分を利用しにくくなるため。また、砂糖は卵白のタンパク質の水分を抱え込み、泡を安定させるため、メレンゲやホイップクリームを作る際に使用すると泡立ちが良くなる。

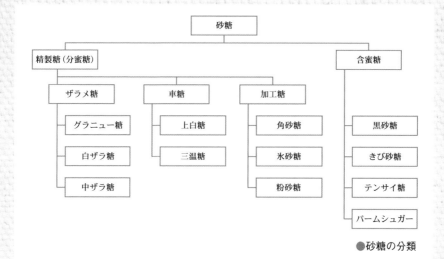

●砂糖の分類

砂糖
├─ 精製糖（分蜜糖）
│ ├─ ザラメ糖
│ │ ├─ グラニュー糖
│ │ ├─ 白ザラ糖
│ │ └─ 中ザラ糖
│ ├─ 車糖
│ │ ├─ 上白糖
│ │ └─ 三温糖
│ └─ 加工糖
│   ├─ 角砂糖
│   ├─ 氷砂糖
│   └─ 粉砂糖
└─ 含蜜糖
   ├─ 黒砂糖
   ├─ きび砂糖
   ├─ テンサイ糖
   └─ パームシュガー

砂糖の歴史

サトウキビの発祥

サトウキビの原産地は現在のニューギニア島周辺といわれており、紀元前8000年頃にはサトウキビの栽培が行われていたという。その後、紀元前4世紀頃にインドに渡ったとされ、ガンジス川を起点に西と東に分かれて世界中に広まっていく。先に伝わったのが西側で、紀元前327年にインドに遠征したアレクサンダー大王の遠征記録にサトウキビの栽培について記されている。そしてスペインなどの温暖な地域で栽培が始まり、十字軍の遠征によって砂糖はヨーロッパ中に広まった。それからコロンブスによってイギリスから海を渡り、15世紀頃にアメリカ大陸に伝わった。

一方、ガンジス川の東側にもサトウキビは伝わり、5世紀頃には中国でも、サトウキビの汁を煮詰めて乾燥させた現在の砂糖に近いものが造られていたという。

テンサイ糖の発祥

砂糖用のテンサイが栽培され始めたのは1700年代で、ドイツの化学者によってテンサイ糖が誕生した。その後、フランス皇帝ナポレオンが1806年に発令した大陸封鎖により、ヨーロッパへ砂糖が供給されなくなってしまった。その結果、テンサイ糖の産業化が進み、フランスとドイツを中心にヨーロッパの砂糖はテンサイ糖が主流になっていった。

日本での砂糖作り

日本への砂糖の渡来は奈良時代で、754年に鑑真が来日の際に砂糖を持ってきたのが最初といわれている。大変貴重な高級品として重宝され、初めは薬として扱われていたが、15世紀に茶の文化が発達すると、和菓子に使用されるようになった。17世紀以降、南蛮貿易により砂糖の輸入が増加した。18世紀になると江戸幕府8代将軍の徳川吉宗により砂糖の国産化が推し進められ、全国各地に製糖業が広まった。

テンサイが栽培されるようになったのは明治時代。当時大々的な開拓を行っていた北海道で栽培と精製を試みたが上手くいかず、テンサイ糖業は一時姿を消した。大正時代に入るとテンサイ糖業は十勝で復活し、紆余曲折を経ながら北海道の基幹作物として重要な地位を占めるまでとなった。

グラニュー糖

サラサラと細かく
汎用的に使用できる砂糖

調理例

▲グラニュー糖は洋菓子作りによく使われる。

DATA

■ 分類　ザラメ糖
■ 主な原料　サトウキビ、テンサイ
■ 発祥国・地域　不明
■ 発祥年代　不明

一口メモ
保水性が高い転化糖を含まないため、
上白糖よりさらさらとしている。

　甘味料としてお馴染みのグラニュー糖は、砂糖の中でも最もショ糖純度が高く、結晶が細かくサラサラしている。世界的には一般に砂糖といえばグラニュー糖のことを指し、溶けやすく焦げにくい性質を持つ。グラニューとは、英語の「granulated（粒状にした）」に由来するが、一般的には「caster sugar」と呼ばれている。

　北アメリカでは、グラニュー糖をさらにきめ細かくした「スーパーファインシュガー」が流通している。また、グラニュー糖に空気を含んだ砂糖は「フロストシュガー」と呼ばれ、アイシングシュガーなどに使用される。

Caster Sugar

白ザラ糖

トッピングに最適な
美しい結晶のザラメ糖

DATA
- **分類** ザラメ糖
- **主な原料** サトウキビ、テンサイ
- **発祥国・地域** 不明
- **発祥年代** 不明

グラニュー糖より結晶の大きな無色透明の砂糖で、「ザラメ糖」や「上双糖」とも呼ばれる。ショ糖純度が高くクセのない淡白な味が特徴で、素材の味を引き出してくれる。高温でも溶けにくいことから、せんべいやカステラのトッピングなどに最適。元々は粒の目が粗いことから「あらめ」と呼ばれていた。

Brown Sugar (Chuzaratou)

中ザラ糖

どこか懐かしい
カラメル風味の砂糖

DATA
- **分類** ザラメ糖
- **主な原料** サトウキビ、テンサイ、カラメル
- **発祥国・地域** 不明
- **発祥年代** 不明

黄褐色で純度の高い大粒の結晶が特徴で、カラメル焼きには欠かすことのできない砂糖だ。白ザラ糖と同じ製法で造られるが、仕上げにカラメルを混ぜたり表面に吹き付けたりすることで、カラメル風味の香ばしい砂糖になる。しょうゆとの相性が良く、煮物や照り焼きなど和食の調理にも適している。

上白糖

しっとりソフトな風味
日本独自の砂糖

DATA

- ■ 分類　車糖
- ■ 主な原料　サトウキビ、テンサイ
- ■ 発祥国・地域　日本
- ■ 発祥年代　19〜20世紀

　上白糖（じょうはくとう）は日本独自の砂糖で、国内における砂糖消費量の半分以上を占めている。糖の再結晶を防ぐため、ビスコと呼ばれるブドウ糖と果糖を混ぜた糖液を添加して製造する。そのため、グラニュー糖に比べてしっとりとしている。熱を加えると、茶色く変色する褐変反応が起こるため、焦げやすい。

三温糖

三度煮詰めて造られる
しっとりコクのある砂糖

DATA

- ■ 分類　車糖
- ■ 主な原料　サトウキビ、テンサイ
- ■ 発祥国・地域　日本
- ■ 発祥年代　19〜20世紀

　上白糖と同様、日本特有の砂糖。結晶を取り出した後の糖液を煮詰めて造られる砂糖で、名前の由来は糖液を三度煮詰めて造るという工程からきている。加熱によって糖液が黄褐色に色付き、カラメル成分が形成されるため、甘味が強くカラメルの風味がある。角煮など肉を使う煮物などにおすすめだ。

黒砂糖

独特な風味がクセに
健康食品としてもお馴染み

調理例

▲イギリスの伝統的なお菓子スティッキートフィーブディング。

DATA

- **分類** 含蜜糖
- **主な原料** サトウキビ
- **発祥国・地域** インド
- **発祥年代** 不明

一口メモ
カルシウムや鉄、亜鉛など各種のミネラル分を豊富に含んでいる。

　サトウキビの搾り汁を煮詰めて造る黒褐色の砂糖で、別名「黒糖」とも呼ばれる。1623年、琉球王国の士族儀間真常が中国に使節団を送り、黒砂糖の製法が日本へと伝わった。米の栽培に向かない土壌でもサトウキビの栽培は難しくないため、沖縄県と鹿児島県の離島を中心に生産されるように

なった。

　黒砂糖は糖蜜を多く含むことから固まりやすく、大抵はブロックを砕いた状態で販売されている。サトウキビ栽培が盛んな一部地域では甘味料として流通しているが、その他の地域では健康食品として扱われることが多い。

きび砂糖

サトウキビの風味と
豊富なミネラル

調理例

▲きび砂糖のソースをかけたライスクリスピー。

DATA

- ■ 分類　含蜜糖
- ■ 主な原料　サトウキビ
- ■ 発祥国・地域　不明
- ■ 発祥年代　不明

一口メモ
白砂糖や三温糖よりも栄養価が高く、黒砂糖よりも調理に適している。

　サトウキビから最低限の不純物を取り除き、煮詰めて造られる砂糖で、自然な薄茶色をしている。製造過程で糖蜜を除くグラニュー糖や上白糖とは異なり、糖蜜を含んでいる。そのため、カリウムやナトリウムなどのミネラルが豊富で、黒砂糖のような独特の風味にまろやかな甘さが特徴だ。

　多少色が付くことを気にしなければ、上白糖と同じように料理や菓子、コーヒーなど幅広く使うことができる。特に、筑前煮や照り焼きなど、コクを出したい和食の味付けに最適である。メーカーによって精製の度合いが異なり、風味やコクもさまざまである。

テンサイ糖

上白糖と同じように使える
やさしい味の砂糖

調理例

▲里芋の煮っころがしなど、色が付いても気にならない料理に。

DATA

- **分類** 含蜜糖
- **主な原料** テンサイ
- **発祥国・地域**
- **発祥年代** 不明

一口メモ
カブやダイコンのような形をしているが、ホウレンソウと同じヒユ科に属する。

別名「サトウダイコン」の名で知られるテンサイは、ビートの砂糖用品種である。18世紀、ドイツの化学者がテンサイから砂糖を抽出したのがテンサイ糖の始まりだ。19世紀にはナポレオンの大陸封鎖令によって砂糖の価格が暴騰し、テンサイ糖が一般へと普及した。日本へは19世紀末に流入し、冷害に強く北海道に適した寒冷地作物として栽培されるようになった。

まろやかな甘さと風味、コクが特徴で、上白糖と同じようにさまざまな料理や菓子などに使用できる。また、天然のオリゴ糖が含まれているため、腸内環境を整える効果が期待できる。

パームシュガー

温暖な地域で愛される
太りにくい砂糖

調理例

▲パームシュガーとタマリンドを加えたココナッツジュース。

DATA

- ■ 分類　含蜜糖
- ■ 主な原料　ヤシ
- ■ 発祥国・地域　不明
- ■ 発祥年代　不明

一口メモ
1本のヤシの木から数百gしか採取することができない希少な砂糖。

　ヤシの花蕾や樹液を煮詰めて造られる、まろやかな甘味が特徴の砂糖。「ヤシ糖」とも呼ばれる。ヤシは3000種類以上あり、パームシュガーに使われるヤシは、オウギヤシとサトウヤシ、ニッパヤシが主である。固形のほか、液体や顆粒もあり、幅広く使うことができる。

　カンボジアを中心に東南アジアで広く流通しているが、血糖値をあげにくい低*GI食品として世界中で注目されている。また、ミネラルやポリフェノールの含有量が高く、抗酸化作用が期待できる。なお、ヤシの一種であるココヤシから採取される砂糖は「ココナッツシュガー」と呼ばれる。

　＊GI値＝血糖値の上がりやすさを示す指標

メープルシュガー

森の恵みから生まれた
希少な甘味料

調理例

▲メープルシュガーで風味を付けたパンプキンラテ。

DATA

- ■ 分類　含蜜糖
- ■ 主な原料　サトウカエデ
- ■ 発祥国・地域　カナダ・アメリカ
- ■ 発祥年代　不明

一口メモ
湯に溶かすとメープルシロップとして使うことができる。

カエデの樹液を濃縮して水分を飛ばした甘味料で、「カエデ糖」とも呼ばれる。樹齢40年以上のサトウカエデなどの幹から取れた樹液を40分の1の量になるまで煮詰めたものがメープルシロップで、これをさらに煮詰めて粉末状にしたものがメープルシュガーとなる。主にカナダ南西部～アメリカ北東部で生産され、1600年代に入植者がやって来る前から先住民によって造られていた。

生産量が少なく他の砂糖より高価だが、カロリーは砂糖より低く、さまざまなミネラル分が豊富に含まれている。菓子作りに使用するとメープルの香りが際立つ。

みそ Miso

日本各地で造られる地域性の強い発酵食品

◆米みそ　　　　　◆もろみみそ
◆麦みそ　　　　　◆蘇鉄みそ
◆豆みそ

みそを知る

みそとは

大豆や米、麦などを蒸したものに、食塩と麹を混ぜて発酵させた調味料。日本の伝統的な食品の一つで、みそ汁はみそを使った最も定番の家庭料理だ。タンパク質やアミノ酸、ビタミンやカリウム、マグネシウム、ミネラル、食物繊維などの豊富な栄養素を含んでいる。昔からみそは医者いらずと言い伝えられている。

みその歴史

みその起源

みその起源には2つの説がある。一つは古代中国で造られていた醤が元になったとする説だ。大豆を原料とした醤を遣唐使が日本に伝え、みそに発展したと考えられている。もう一つは日本で独自にみそが生み出され

たという説だ。縄文時代にはドングリを使ったみそのような食べ物があったことが確認されている。

なめみそから調味料へ

みそという文字が初めて文献に登場するのは平安時代に記された『日本三代実録』である。この頃の人々はみそを調味料として使うのではなく、なめみそとして食べ物に付けたり、そのまま舐めて食べていた。また、貴族が食べる高級品だったので、庶民が口にすることはなかった。

鎌倉時代に入ると、みそを水に溶かしてみそ汁が作られるようになり、ご飯とみそ汁とおかずという鎌倉武士の食事の基本が確立された。江戸時代ではみそ造りが盛んになり、各地の風土や食習慣を反映した多様なみそが製造された。同時にこの頃からみそを使った料理も発達した。

みその分類と分布

みその分類法

みそは原料から米みそ、麦みそ、豆みその3種類に大きく分類される。その他にこれらのみそを混ぜ合わせた調合みそや、原料が固形で残っているもろみみそがある。

また、甘口や辛口というように味によっても分けられ、含まれる食塩の量と麹歩合で決まる。麹歩合とは原料の大豆に対しての麹の比率のことで、塩分が同じなら麹歩合が高い方が甘口になる。さらに、赤みそ、淡色みそ、白みそと色でも分けられる。原材料や工程にもよるが、熟成が短いと原料に近い薄い色となり、熟成が長いとより褐色になる。

地域で異なるみその原料

みその原料となる穀物は全国的に米が使われることが多いが、中部地方では豆、九州や四国の一部の地域では麦が使われることもある。

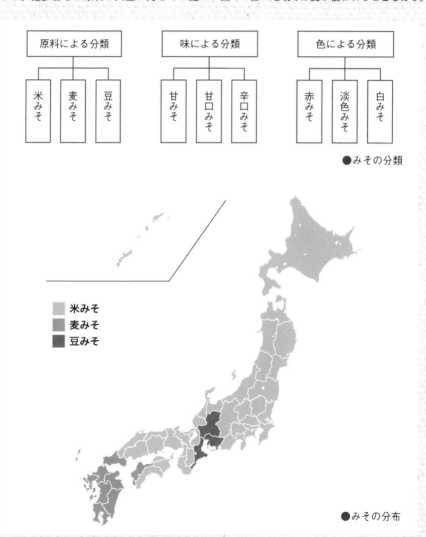

●みその分類

●みその分布

米みそ

全国で愛される
クセのない日本の味

調理例

▲和食の定番、サバのみそ煮。

DATA

■ 分類　米みそ
■ 主な原料　大豆、米
■ 発祥国・地域　不明
■ 発祥年代　不明

一口メモ
米麹が多く塩分が少ないと白くなり、
米麹が少なく塩分が多いと赤黒くなる。

　大豆に塩と米麹を加えて発酵・熟成させたもので、全国で生産されるみそのうち80%を占める。豆みそと比べると熟成期間が短く、2週間から数カ月程度で出荷される。大豆と米麹の割合によって風味が変わり、麹が多く入っていると米の甘味や麹の香りが強くなる。また、みその色の違いは、大豆や麹に含まれるアミノ酸と糖が反応して起こるメイラード反応の度合いによって変わる。

　東日本では赤みそが主流で、関西では白みそが使われることが多い。また、仙台みそ、信州みそなどの辛みそや、江戸みそ、京風白みそなどの甘みそもある。

麦みそ

食物繊維が豊富
麦特有のソフトな香り

調理例

▲甘い麦みそには具沢山の豚汁がよく合う。

DATA

- ■ **分類** 麦みそ
- ■ **主な原料** 大豆、麦
- ■ **発祥国・地域** 日本（九州地方）
- ■ **発祥年代** 平安時代

一口メモ
麦が原料なので米みそよりカリウム、カルシウム、鉄分が豊富。

全国のみそ生産量の約1割を占める麦みそは、大豆と大麦、またははだか麦を原料に造られるみそである。「田舎みそ」とも呼ばれ、麦の栽培が盛んな九州地方を中心に中国及び四国の瀬戸内地域と北関東の一部で生産される。地域ごとに風味が異なり、長崎では「島原みそ」、鹿児島では「薩摩みそ」とも呼ばれる。

麦による芳醇な香りが特徴で、塩分量は10〜11％と少ない。大麦由来の食物繊維である大麦β-グルカンが豊富に含まれており、食後の血糖値の急上昇を防ぐ効果がある。米みそと同様、甘口と辛口、淡色と赤色に分けることができる。

豆みそ

戦国武将も好んだ
濃厚な旨味とコクのみそ

調理例

▲豆みそベースのたれをかけたみそカツ丼。

DATA

- ■ **分類** 豆みそ
- ■ **主な原料** 大豆
- ■ **発祥国・地域** 日本（東海地方）
- ■ **発祥年代** 不明

一口メモ
麹菌を混ぜるみそ玉製麹という製法
により、長期保存がきくみそになる。

　大豆と食塩、水を原料に長期間熟成させて造られるみそで、愛知県を中心に東海地方で生産される。塩分濃度が高く、濃厚な旨味が特徴だ。愛知県岡崎市八帖町で造られる豆みそは「八丁みそ」の名で知られており、中京地域の一部では、黒い八丁みそも含め「赤みそ」と呼ぶ。そのほか、「三州みそ」「名古屋みそ」の呼び名がある。タンパク質が豊富で栄養価が高いこともあり、東海地方では戦国時代より各武将がみそ造りを奨励したという。

　煮込むほどコクが出るため、みそ煮込みうどんや土手煮など、愛知県の郷土料理には豆みそを使ったものが多い。

もろみみそ

つぶつぶがクセになる
食べるみそ

▲キュウリに金山寺みそを付けて、シンプルに味わう。

DATA

■ **分類**　もろみみそ
■ **主な原料**　大豆、麦など
■ **発祥国・地域**　日本(和歌山県)
■ **発祥年代**　鎌倉時代

一口メモ
もろみみその発酵期間は約1〜2週間
と、他のみそより発酵期間が短い。

炒った大豆と、小麦、はだか麦を発酵・熟成したもので、つぶつぶとした食感がある。そもそももろみとは、しょうゆやみそを造るために醸造した液体の中にあるもので、原料が発酵して柔らかくなった固形物のことだ。これを搾り出すとしょうゆやみそになる。もろみみそのなかでも、和歌山県などで生産されている金山寺みそは有名で、穀物だけでなく、ウリやナス、ショウガなどの野菜も一緒に漬け込むのが特徴だ。

キュウリやご飯など、淡泊な味の食べ物にかけて食べるとおいしい。このように、ご飯のおかずとして食べられるみそは「なめみそ」と呼ばれる。

蘇鉄みそ

毒抜きをして造られる
懐かしの味

▲ソテツの実。

調理例

▲酢みそをかけた刺し身は奄美大島の定番料理。

DATA

■ 分類　もろみみそ
■ 主な原料　ソテツ、大豆、麦など
■ 発祥国・地域　日本(鹿児島県、沖縄県)
■ 発祥年代　鎌倉時代

一口メモ
地元では酒やご飯のお供、お茶請けとして親しまれている。

ソテツの実と玄米、大豆を原料にして造られる独特の風味と甘味が特徴のみそで、調味料やなめみそとして食べられている。鹿児島県の奄美大島や沖永良部諸島、沖縄県の粟国島で生産されており、昭和14年に鹿児島市立工業研究所で製造し、一般向けに販売されたものが蘇鉄みその始まりだ。

ソテツはヤシの木に似た日本固有の植物で、発がん性物質であるサイカシンを含んでいる。そのため毒抜き作業が必要となり、蘇鉄みそを造る際には、微生物の働きで毒素を取り除く「解毒発酵」が行われる。奄美大島では、蘇鉄みそを多用した郷土料理が豊富だ。

column

塩麹の作り方

　健康に対する意識の向上とともに、発酵調味料の一つである塩麹が見直されている。2011年に注目を集めて一般的に知られるようになったが、実は日本で古くから利用されてきた伝統的な調味料だ。

塩麹とは

　麹と塩、水を混ぜて発酵させた調味料で、ビタミンB群やパントテン酸などが豊富に含まれている。その他にアミラーゼ、プロテアーゼ、リパーゼという三大消化酵素が含まれているため、料理に使うことで消化しやすくなり、胃腸への負担も軽くなる。
　塩麹のルーツは東北地方の三五八漬けの漬け床といわれている。三五八漬けとは塩、水、麹、米を混ぜ合わせ、発酵させたものを漬け床にした漬物のこと。この三五八漬けの漬け床の作り方を簡略化し、塩、水、麹を合わせて発酵させたものが塩麹となり、調味料として使われるようになったと考えられている。

材料
・乾燥米麹…200g
・塩…60g
・水…250〜300cc

作り方
1. 乾燥米麹と塩をしっかりかき混ぜて清潔な保存容器に入れ、材料が水面から見え隠れする程度まで水を注ぐ。
2. 軽くふたをかぶせて半日置き、米麹が水を吸って水分量が少なくなったら水を足す。
3. 1日1回かき混ぜながら、常温で1週間ほど熟成させる。
4. 米麹が指でつぶせる位柔らかくなったら出来上がり。完成した塩麹は冷蔵庫で保存する。

塩麹を使ったおすすめの料理

　塩麹に肉や魚を漬けると、麹の消化酵素がタンパク質をアミノ酸に分解して旨味を出し、脂肪を脂肪酸とグリセリンに分解してさっぱりさせる。この塩麹の持ち味を生かした肉料理は、おどろくほど肉質が柔らかくなり美味。

◆豚肉の塩麹焼き

材料（2人分）
・豚ロース…300g
・塩麹…20g
・サラダ油…適量

作り方
1. 豚ロース肉に塩麹を薄く塗り、ラップをして冷蔵庫に30分ほど置く。
2. フライパンにサラダ油を入れ、塩麹を塗った豚ロースを中火で2〜3分焼く。
3. 裏返してさらに3分ほど加熱して出来上がり。

醤 *Jiàng / Hishio*

長い歴史を持つ発酵食品

◆豆板醤　　　◆沙茶醤
◆甜麺醤　　　◆XO 醤
◆芝麻醤　　　◆麻辣醤
◆海鮮醤　　　◆乳猪醤
◆蝦醤　　　　◆コチュジャン
◆辣椒醤　　　◆テンジャン
◆豆鼓醤　　　◆サムジャン
◆桂花醤

✤ Knowledge of Jiàng ✤

醤を知る

醤とは

醤の成り立ち

　魚、肉、豆などを発酵させたペースト状の調味料、あるいは味の濃い食品の総称。日本では、食品を麹と食塩によって発酵させて製造した調味料または食品のことを示す。中国語ではjiàng（チァン）といい、中華調味料が普及した日本でも醤を「ジャン」と読むことが多くなった。古代中国で発祥して日本に伝わり、みそやしょうゆの原型になったといわれている。

醤の特徴

　栄養豊富で消化が良く、食欲増進作用がある。広大な中国には伝統的で独特な醤がそれぞれの地方に残っている。また、同じ種類の醤でもその地方の気候条件や加工原料により製造方法が異なる。本章では中華料理と韓国料理で使用される醤について説明する。

醤の歴史

中国の醤

　醤が初めて記載されたという中国の古書『周礼』によると、王家の基本料理を作るときには120種類の醤を使うと記されている。この頃からすでに多種多様な醤が造られており、料理になくてはならないものだったことがうかがえる。後の紀元前6世紀頃の『論語』にも醤についての記述がある。そこには、孔子が食事の礼節を述べた中に「料理の法にかなったものでなければ食べない。それぞれの料理にふさわしい醤が手に入らなければ食べない」というくだりがある。

韓国の醤

　韓国の醤は中国から伝来したとされる。中国東北部で約3000年前にしょうゆとみそが造られ、それが韓国に伝わって今の形になったといわれている。

豆板醤

四川料理に欠かせない
ピリッとした刺激

▲四川風の辛みの効いた麻婆豆腐には欠かせない。

DATA

- **分類** 醤
- **主な原料** ソラマメ、唐辛子など
- **発祥国・地域** 中国
- **発祥年代** 19世紀

一口メモ
豆板とはソラマメが薄皮から発芽した状態のこと。

　皮をむいたソラマメを発酵させて造ったみそに、唐辛子や塩などを加えた調味料。八丁みそを辛くした味に似ている。本来は唐辛子を入れずにソラマメだけで作ったものを豆板醤（トウバンジャン）と呼び、辛い豆板醤は「豆板辣醤（トウバンラージャン）」と呼ばれていた。四川省では唐辛子の生産が多く、四川料理には欠かせない調味料と

なっている。
　地域によって風味や辛みが異なるが、なかでも成都市で造られるピーシェン豆板醤は最高級の豆板醤として名高く、コクがあり塩気も辛味もマイルドだ。豆板醤を使う代表的な料理は、麻婆豆腐、回鍋肉（ホイコーロー）、担担麺（タンタンメン）などで、世界中で広く食されている。

甜麺醤

醤

甜麺醤

北京ダックにはこれ
中国の甘みそ

調理例

▲濃厚で甘辛い甜麺醤と北京ダックの相性は抜群。

DATA

- ■ 分類　醤
- ■ 主な原料　小麦、塩、麹など
- ■ 発祥国・地域　中国
- ■ 発祥年代　不明

一口メモ
生のまま食べることもできるが、火を通すことでより強い香りが生まれる。

別名「中華甘みそ」で知られる甜麺醤は、小麦粉で作った麹に塩水を加えて発酵させて造る中国独自のみそである。甜麺醤の甜は「甘い」を意味し、麺は「小麦」を指す。旨味はタンパク質の分解によって生成されるアミノ酸に由来し、甘くてコクのある風味が特徴。北京ダックの付けだれとしても有名で、北京ダック専門店の多くは、その店オリジナルの甜麺醤を作っている。また、ジャージャー麺や麻婆豆腐など、炒め物や煮物の味付けにもおすすめ。

広東では大豆を主原料にした甜麺醤が造られている。日本では八丁みそにごま油や砂糖、しょうゆなどを加えたものが多い。

芝麻醤

ごまの旨味を凝縮
健康にもうれしい調味料

▲蒸し鶏に芝麻醤などのソースをかけた四川料理「棒棒鶏」。

DATA

■ 分類　醤
■ 主な原料　ごま、油
■ 発祥国・地域　中国
■ 発祥年代　不明

一口メモ
白ごま、ごま油、サラダ油の3つで造るシンプルな醤。

　芝麻醤は、炒って香りを出した白ごまを丁寧にくすり潰し、良質の植物油を加えてペースト状にした調味料である。練りごまよりもなめらかで伸びがよく、まろやかなコクがあるのが特徴だ。担々麺や棒棒鶏、冷やし中華のタレなど、ごまの風味を生かした料理には欠かせない。

　ごまの脂質はリノール酸やオレイン酸などの不飽和脂肪酸を含んでおり、免疫力を高めたり、コレステロール値を下げる働きがある。また、さまざまなビタミンやミネラルが豊富で、栄養価が高く、健康に良い調味料である。似たようなごまペーストに、中東の「タヒニ」がある。

91

海鮮醤

醤

海鮮醤

肉にも海鮮にも使える
万能甘みそ

調理例

▲海鮮醤と生春巻き。付けダレとしてもおすすめだ。

DATA

■ 分類　醤
■ 主な原料　大豆、小麦粉、ごま油、ニンニクなど
■ 発祥国・地域　中国
■ 発祥年代　不明

一口メモ
香辛料の効いたまろやかな甘味が特徴。

　主に香港や中国の広東地方で使われている甜麺醤に似た甘みそ。「海鮮」の名が付くが原材料に魚介類は含まれておらず、海鮮特有の生臭さを抑えたり、逆に海鮮の旨味を引き出したりすることからその名が付けられた。地域ごとに原材料が異なるが、一般的なものは大豆を主原料に小麦粉やごま油、ニンニクや唐辛子などが使われる。酢や砂糖、五香粉*などを入れることもある。

　甜麺醤と比べると海鮮醤の方が独特の風味があり、味わいも濃厚なため、春巻きなどの付けダレや北京ダックにおすすめだ。また、焦げつきにくいことから、焼きそばや野菜炒めなどにも向いている。

　＊ 五香粉＝5種（桂皮・八角・さんしょう・クローブ・フェンネルが代表的）を混合させた香辛料

蝦醤

芳醇なエビの香りと
まろやかな旨味

調理例

▲タイ料理の蝦醤を混ぜたチャーハン「カオ・クルック・カピ」。

DATA

- **分類 醤**
- **主な原料 エビ、塩など**
- **発祥国・地域 中国**
- **発祥年代 不明**

一口メモ
普段の料理を海鮮風味に早変わりさ
せる、使い勝手の良い醤。

蝦醤はオキアミやエビに塩を加え、発酵させて造るペースト状の調味料で、中国沿岸地域、香港、東南アジアで使用される。ペースト状で缶詰にされて販売されるが、「蝦膏」と呼ばれるブロック状のタイプもある。

味は非常に塩辛く、アミノ酸の旨味も多く含まれる。特に良質の小エビから造られたものは赤紫色で粘り気があり、エビの風味はあっても生臭さはない。加熱すると、発酵食品独特のマイルドさが引き出されるため、チャーハンや青菜炒めのほか、唐揚げや蒸しものの下味にも最適だ。タンパク質やカルシウム、脂肪酸が豊富に含まれており、栄養価が高い。

辣椒醤

唐辛子の赤い色が鮮やか
中国の定番辛味調味料

調理例

▲辛味の強い鍋料理「火鍋」は中国全土で食される。

DATA

■ 分類　醤
■ 主な原料　唐辛子、ニンニク、山椒、
五香粉など
■ 発祥国・地域　中国
■ 発祥年代　不明

一口メモ
中華はもちろん日本の料理にも合う。

　「辣椒（ラージャオ）」とは唐辛子のことで、四川料理や広東料理の味付けに広く用いられる中国のチリソースだ。唐辛子を長時間塩漬けにし、ニンニク、山椒や五香粉などを混ぜた、ペースト状またはピューレ状の醤で、家庭でも簡単に作ることができる。唐辛子本来の赤い色とピリッとした辛味のなかにほんの

り酸味が効いている。火鍋や麻辣麺など辛い料理の味付けのほか、水餃子の付けダレなどテーブル調味料としても便利。
　広西省桂林市（こうせいしょうけいりんし）で生産される「桂林辣椒醤（けいりんラージャオジャン）」は、三花酒（さんかしゅ）、豆腐乳（とうふにゅう）と合わせて、桂林三宝（けいりんさんぽう）の一つである。日本ではなかなか手に入らないため、お土産としても人気が高い。

豆鼓醤

黒豆ベースの
コクと風味のある調味料

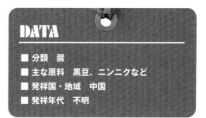

DATA

- ■ 分類　醤
- ■ 主な原料　黒豆、ニンニクなど
- ■ 発祥国・地域　中国
- ■ 発祥年代　不明

　黒豆に塩を加え発酵させた「豆鼓（トウチ）」と呼ばれる食品をすり潰してペースト状にした調味料。味は豆みそに近く、塩辛く風味が強い。料理の味に奥行きを持たせるのに最適で、麻婆豆腐やジャージャー麺、回鍋肉などの味付けにおすすめ。

　中国南部と四川省での製造が多く、中国東北地方ではほとんど製造されていない。

桂花醤

ふんわり甘い
キンモクセイの香り

DATA

- ■ 分類　醤
- ■ 主な原料　キンモクセイなど
- ■ 発祥国・地域　中国
- ■ 発祥年代　不明

　中国では、キンモクセイを含むモクセイ属の花を乾燥させたものを「桂花（ケイファ）」と呼び、桂花醤とはキンモクセイの花をシロップ漬けにしたもの。甘く芳醇な味わいで、点心のあんや菓子のジャム、アイスクリームのシロップなどに使われるが、薬用に用いられてきた歴史もある。キンモクセイの産地で知られる桂林産の桂花醤（ケイファジャン）が有名。

沙茶醤

これ一つで
本格的な台湾の味

DATA

■ **分類** 醤
■ **主な原料** エビ、ニンニク、エシャロット、唐辛子など
■ **発祥国・地域** 中国
■ **発祥年代** 不明

辛さとコクを兼ね備えた沙茶醤は台湾産のピリ辛ソース。干したエビや小魚をベースに、ニンニク、エシャロット、唐辛子などの香味野菜を加えて造られる。広東の潮州地方発祥とされているが、もともとはインドネシアのサテに使われているソースが原型だという。火鍋のタレや、しゃぶしゃぶ、炒め物の隠し味に。

XO醤

香ばしい香りと旨味
香港発祥の高級調味料

DATA

■ **分類** 醤
■ **主な原料** エビ、貝柱、ハム、ニンニク、唐辛子など
■ **発祥国・地域** 香港
■ **発祥年代** 1980年代

ブランデーの最高級品を表す「エクストラオールド（XO）」が名前の由来。香港・ペニンシュラホテルの広東料理の料理長が考案した、みそ風味の合わせ調味料である。原料はメーカーによって異なるが、干したエビや貝柱、ハム、ニンニク、唐辛子などが一般的である。現在は世界中に流通しており、料理の味に高級感を与える。

麻辣醤

奥深い辛さで
クセになる人続出

DATA

■ 分類　醤
■ 主な原料　大豆、花椒、ニンニクなど
■ 発祥国・地域　中国
■ 発祥年代　不明

　麻辣醤（マーラージャン）は中国でも人気の高い醤の一つで、花椒のピリッと舌が痺れるような辛さと、唐辛子のヒリヒリする辛さが特徴。四川料理には欠かせない調味料で、ただ辛いだけではなく、味に深みがあるのが特徴だ。麻婆豆腐や担々麺など、豆板醤と同じように使うことができ、近年は日本でもさまざまなメーカーで生産されている。

乳猪醤

子豚の丸焼きに欠かせない
甘めでコクのあるソース

DATA

■ 分類　醤
■ 主な原料　海鮮醤、オイスターソースなど
■ 発祥国・地域　中国
■ 発祥年代　不明

　広東や香港、マカオでは、お祝いごとに乳猪（ルーチュー）（子豚の丸焼き）を食べる風習があり、乳猪醤は欠かせないソースである。甘めの味付けで、原料や製法は店によって異なるが、海鮮醤、オイスターソース、ゴマ、ショウガパウダー、陳皮などが一般的だ。ニンニクやチリソースを加え、辛めにする場合もある。

コチュジャン

甘口から辛口まで
韓国定番の味

調理例

▲コチュジャンはビビンバの味付けに欠かせない。

DATA

- ■ **分類** 醬
- ■ **主な原料** もち米、唐辛子など
- ■ **発祥国・地域** 韓国
- ■ **発祥年代** 不明

一口メモ
発酵の進みが遅い冬場に仕込むことで酸味のないコチュジャンが出来る。

　日本では「唐辛子みそ」とも呼ばれる、朝鮮半島でよく使われる調味料である。コチュは唐辛子を意味し、もち米、米麹、唐辛子、塩を混ぜてつぼなどに入れて熟成させる。かつては韓国の各家庭で造られていたが、1970年代に工業生産が広まると多くの人が市販のものを購入するようになった。

　辛口から甘めまでさまざまなタイプがあり、日本では砂糖を加えて甘くしたものが多い。辛味と旨味が強く、ビビンバや焼き肉、トッポギのほか、鍋や煮物に入れたり、ご飯に混ぜたりと韓国料理には欠かせない。ごま油やしょうゆ、みそなど、ほかの調味料とも相性が良い。

テンジャン

独特の風味が食欲をそそる
韓国のみそ

調理例

▲唐辛子やネギ、魚介類などを煮込んだテンジャンチゲ。

DATA

■ **分類** 醤
■ **主な原料** 大豆
■ **発祥国・地域** 韓国
■ **発祥年代** 不明

一口メモ
かめで発酵させたときの塩水はカンジャン（韓国のしょうゆ）になる。

　韓国みそや朝鮮みそとも呼ばれるテンジャンは、独特のにおいが特徴で、古くから重要なタンパク源として食べられていた。

　伝統的なテンジャン造りは初冬に行われる。大豆をつぶし、粗めのペースト状にして固めた「メジュ」という豆麹を吊り下げて発酵させ、メジュが乾燥したら塩水と一緒にかめに入れてさらに発酵させる。沸騰すると香りが飛んでしまう日本のみそとは違い、長く煮込むほどに風味が強くなる。

　ディップソース代わりに野菜に付けたり、チゲなどのスープ料理などに使われる。市販では麦が原材料のポリテンジャンや調味済みのチゲ用テンジャンなどがある。

サムジャン

醤

サムジャン

葉野菜とマッチする
マイルドな辛さ

調理例

▲手巻き寿司のように手軽に食べられるサンパ。

DATA

- **分類** 醤
- **主な原料** 大豆、もち米、唐辛子、ニンニク、水あめ、ごま油など
- **発祥国・地域** 韓国
- **発祥年代** 不明

一口メモ
「サム」は「包むもの」の意味。

　コチュジャンとテンジャンを混ぜ合わせ、ニンニクやごまなどの薬味や、蜂蜜や水あめ、ごま油などを加えた甘辛い調味料。唐辛子の辛さが際立つコチュジャンに対して辛さは控えめで、甘味とコクの強い味わいが特徴。スーパーにはさまざまなサムジャンが並び、韓国では日常的に使われている。

手作りする家庭も多く、家庭ごとにオリジナルの調合がある。

　サンチュやエゴマの葉とサムジャンを合わせ、肉を包んで食べるサムギョプサルや、ご飯を包むサンパには欠かせない。その他に鍋やスープ、煮物や炊き込みご飯の味付けに利用されるなど、用途は幅広い。

column

ラー油の作り方

ラー油

　油に唐辛子を加えて加熱し、辛味をつけた調味料で、「辣」とは熱を伴うような辛さのこと。唐辛子以外に八角、花椒、ショウガなどの薬味を入れることもある。麻婆豆腐や担担麺など四川料理の香味油として用いられる。日本では市販の製品や中華料理店で見られるラー油は油成分のみのものが多いが、中国では熱した際の焦げた唐辛子などの薬味も入っており、薬味と一緒に油をすくって料理に使用することが多い。

材料

・菜種油（もしくはサラダ油かごま油）…100cc
・一味唐辛子…大さじ1杯

作り方

1. フライパンに菜種油と一味唐辛子を入れ、弱火で3分かき混ぜる。
2. 火を止めて予熱で辛味を抽出させる。
3. 粗熱がとれたら煮沸消毒した容器に入れる。常温で保存し、1カ月を目安に使い切るのがおすすめ。

食べるラー油

　主にタレや風味付けに使われていたラー油だが、2009年に固形の具材をおかずとして食べるラー油が発売されると、程よい辛さとさまざまな料理に使いやすいことから爆発的にヒットした。その後、各食品メーカーからも次々と食べるラー油が発売され、現在は定番の調味料として浸透している。

材料（1瓶分）

・サラダ油…70cc
・ごま油…70cc
・ニンニク…20g
・ショウガ…20g
・白ネギ…40g
・唐辛子（輪切り）…大さじ1杯
・白いりごま…大さじ1杯
・ミックスナッツ…20g
・砂糖…小さじ1杯
・しょうゆ…小さじ1杯
・コチュジャン…小さじ2杯

作り方

1. ミックスナッツを細かく砕いておく。
2. ニンニク、ショウガ、白ネギをみじん切りにする。
3. 鍋に刻んだニンニク、ショウガ、白ネギ、サラダ油を入れて強火で炒める。
4. 沸騰してきたら中火で5分加熱し、茶褐色になるまで加熱する。
5. 火を止め、砂糖、しょうゆ、コチュジャンを加えて混ぜる。
6. 唐辛子、白いりごま、砕いたミックスナッツを加える。
7. 粗熱をとり煮沸消毒した容器に入れる。冷蔵庫で保存し、5日以内に使い切る。

ソース *Sauce*

料理に味や色どりを加える調味料

◆ウスターソース
◆ウスターソース
　（中濃・とんかつ）
◆オイスターソース
◆マヨネーズ
◆アイオリソース
◆トマトケチャップ
◆バーベキューソース
◆ペッパーソース
◆チリソース
◆サンバルソース
◆カクテルソース

◆タルタルソース
◆ベシャメルソース
◆トマトソース
◆サルサソース
◆グレイビーソース
◆ホースラディッシュ
　ソース
◆マスタード
◆マンゴーチャツネ
◆トケマリ
◆ハリッサ
◆アジカ

ソースを知る

ソースとは

　素材や料理にかけたり添えるなどして味を加える液状またはペースト状の調味料。調理に用いる市販の加工済みのものと、ベシャメルソースのように調理時に作るものがある。ソースは世界各地で造られており、それぞれの国や地域の食文化に応じた独自のソースがある。

フランスのソース

中世のソース

　中世のフランスでは、輸送や保存の方法が限られており新鮮な食材を手に入れにくかったので、ソースこそが料理の味を決める要だった。この頃のフランス料理で使われるソースというと、酸味のある液体にさまざまなスパイスを混ぜ、パンでとろみをつけるというシンプルなものだった。17世紀になると、煮込み料理の煮汁にルウなどで濃度をつけるという、今のフランス料理のソースに近付いた。その後、フランス料理は複雑かつ華美になり、それに伴いソースの種類も増えていった。

ソースの分類の歴史

　19世紀に、膨大な種類のソースをシェフのアントナン・カレームが以下の4つに分類した。

・**ソース・ベシャメル**…小麦粉と牛乳をベースとする。いわゆるホワイトソース。作り方は現在とはやや異なる。
・**ソース・エスパニョール**…焼いた骨・肉類・野菜類・トマトを煮詰めてとろみをつけたソース。これを濃縮するとデミグラスソースになる。
・**ソース・ヴルーテ**…肉や魚のフォン（だし）をベースにしたソース。
・**ソース・アルマンド**…ヴルーテソースに卵

黄とクリームを加え、レモン汁で味付けをしたソース。

20世紀初頭にシェフのオーギュスト・エスコフィエが、ソースの分類をベシャメル、エスパニョール、ヴルーテ、トマトソース、オランデーズ（バターとレモン汁と卵黄で乳化させたソース）の5種類に更新した。さらに彼はソースの調理工程を簡略化し、料理に応じて味を展開していく手法を作り出した。エスコフィエの分類は今日のシェフにも受け継がれている。

料理の引き立て役となったソース

現代のフランス料理では、材料の味を凝縮させたソースを少量添えるスタイルが増えている。ソースは料理自体の味を決める役割から、素材を引き立てたり、料理に一体感をもたらす役割へと変化している。

日本のソース

ウスターソース

日本でソースといえば、一般的にはウスターソースを指すことが多い。これは明治の文明開化とともに最も早く認知され、多くの日本人の好みに合う味だったからだとされている。

日本のウスターソースの歴史

初の国産ウスターソースについては、1885年に販売されたヤマサ醤油のミカドソースと、同年に阪神ソースから販売されたウスターソースの2つの説がある。販売当初は世間に受け入れられなかったが、1894年にハグルマ株式会社から三ツ矢ソースが販売されると注目が集まり、これに続くようにさまざまなメーカーがウスターソース製造に参入するようになった。この頃はさらっとした粘度のウスターソースのみが流通していた。

戦後から現在のソース

戦後は戦時中の砂糖不足の反動からか、甘味が強く粘度の高いとんかつソースや中濃ソースが販売されるようになった。現在は食生活の多様化に伴い、さまざまなソースが使用されている。

ソースの分類

西洋のソース

- **ホワイトソース**
  ソース・アルマンド、ソース・ヴルーテ、マッシュルームソースなど
- **ブラウンソース**
  グレイビーソース、デミグラスソースなど
- **ベシャメル系**
  オーロラソース、ベシャメルソースなど
- **乳化ソース**
  ヴィネグレットソース、アイオリソース、マヨネーズなど
- **バターソース**
  ムニエルソース、ステーキソースなど
- **トマトソース**
  アマトリチャーナ、アラビアータ、マリナーラソース、ミートソースなど
- **オイルソース系**
  アンショワード
- **細かく刻んだ野菜を含むソース**
  タルタルソース、サルサソース、ラビゴットソースなど
- **スイートソース**
  カスタード、チョコレートソース、バタースコッチソース、フルーツソースなど

アジアのソース

- **シーフード系**
  オイスターソース、*魚醤、*XO醤など
- **チリソース系**
  ケチャップマニス、サンバルソース、スイートチリソース
- **その他**
  *しょうゆ、カレーソースなど

その他各種のソース

ウスターソース、チャツネ、モーレ、タバスコソースなど

*本書では魚醤、XO醤、しょうゆは別章で紹介する

ウスターソース

イギリスで愛される
元祖ウスターソース

▲ウスターソースで味付けをしたランカシャー・ホットポット。

DATA

■ 分類　ソース
■ 主な原料　モルトビネガー、タマネギ、ニンニク、アンチョビ、香辛料など
■ 発祥国・地域　イギリス
■ 発祥年代　19世紀

一口メモ
料理のほかにカクテルにも使われる。

　イギリスのウスターシャー州・ウスター発祥のソース。19世紀、イギリス貴族がインドからインドソースの製法を持ち帰り、開発されたのが、後に設立されたリーペリン社のウスターソースである。

　リーペリンソースのレシピは社外秘となっているが、モルトビネガーを主原料に、発酵させたタマネギ、ニンニク、アンチョビやタマリンドのほか、さまざまなスパイスが使われている。日本のものと比べると甘味はなく酸味が強く、シチューやスープなどの隠し味やアクセントに使うのが一般的だ。イギリスでは97%、世界でも40%の高いシェアを誇る人気のソースである。

ウスターソース（中濃・とんかつ）

バリエーション豊かな
日本の味

調理例

▲ソースカツ丼は、福井県や群馬県、福島県などの名物。

DATA

- ■ 分類　ソース
- ■ 主な原料　タマネギ、トマト、リンゴ、ニンニク、香辛料など
- ■ 発祥国・地域　日本
- ■ 発祥年代　19世紀後半

一口メモ
戦後の食の洋風化とともに普及した。

　日本にウスターソースが登場したのは明治時代で、1948年には、ウスターソースよりも粘度の高いとんかつソースが生産され、1964年には中濃ソースが登場した。イギリスのものとは異なり、モルトビネガーやアンチョビは使わず、辛味を抑えたマイルドな味が特徴である。

　カレーなどの隠し味としてはもちろん、とんかつやフライなどの揚げ物にそのままかけたり、焼きそばに使ったりするのに向いている。また、お好みソース、焼きそばソース、たこやきソースなどウスターから派生した商品も多く出ている。濃度や風味など、地域ごとに好みが分かれている。

オイスターソース

カキの風味と濃厚なコク
旨味成分たっぷりのソース

調理例

▲牛肉とブロッコリーのオイスターソース炒め。

DATA

- **分類** ソース
- **主な原料** カキ、小麦粉、砂糖、カラメルなど
- **発祥国・地域** 中国
- **発祥年代** 19世紀後半

一口メモ
タイやベトナムなどでも多く使われる。

塩漬けにしたカキを発酵させて造られるソースで、別名「カキ油」ともいう。独特のカキの風味と旨味があり、広東料理でよく使われる。19世紀後半に広東省南水（なんすい）の料理人が考案し、調味料製造会社「李錦記（りきんき）」の設立によって普及した。炒め物や煮込み料理、スープや焼きそばなど、さまざまな中華料理に使われ、焼きそばの調味料としてオイスターソースを使用すると広東風焼きそばになる。広東省ではスナック菓子の味付けにも使われることがある。

なお、台湾では、ヴィーガン向けにカキの代わりにシイタケを用いて製造した、精進オイスターソースというものがある。

マヨネーズ

多くの人に愛される
クリーミーでマイルドな味

調理例

▲マヨネーズをたっぷり使ったポテトサラダ。

DATA

- ■ 分類　ソース
- ■ 主な原料　卵、油、酢、塩
- ■ 発祥国・地域　スペイン
- ■ 発祥年代　18世紀

一口メモ
日本ではソフトチューブ入りが主流
だが、欧米では瓶入りが普及している。

　卵とサラダ油、酢、塩などを混ぜ合わせて乳化させたソース。名前の由来は諸説あるが、スペイン・メノルカ島の都市マオンで造られたことに由来する説が有力である。

　もともとはオリーブオイルを使用していたが、普及するにつれてサラダ油なども利用されるようになった。日本では、後にキユーピー株式会社の創始者となる中島董一郎がアメリカ留学中にマヨネーズと出会い、1925年にキユーピーマヨネーズの生産を始めた。卵黄を使用するため、海外のものと比べて濃厚かつクリーミーな味わいが特徴である。さまざまな料理に幅広く使え、根強いファンの多い調味料である。

アイオリソース

家庭でも簡単に作れる
地中海料理の風味

調理例

▲エビフライとアイオリソース。

DATA

- ■ 分類　ソース
- ■ 主な原料　ニンニク、油など
- ■ 発祥国・地域　地中海沿岸
- ■ 発祥年代　不明

一口メモ
パスタやパエリア、ブイヤベースなど
に添えられることも多い。

　ニンニクと油を使ったソースで、地中海ではポピュラーである。アイオリとはプロヴァンス語の「alh（ニンニク）」と「òli（油）」に由来する。プロヴァンス地方で造られるアイオリソースは、卵黄とレモン汁を使い、ガーリックマヨネーズに近いソースだ。そのため、フレーバーマヨネーズをアイオリと呼ぶこともある。茹でた野菜や卵、タラなどにアイオリソースを付けて食べる料理ル・グラン・タイオリは、この地方の名物料理である。

　一方、カタルーニャでは卵黄を使わず、ニンニクの風味が強く、あらゆる料理にアイオリソースを添える。

トマトケチャップ

子供から大人まで
世界中で愛される味

調理例

▲日本人に馴染み深いナポリタンスパゲティ。

DATA

- ■ 分類　ソース
- ■ 主な原料　トマト、タマネギなど
- ■ 発祥国・地域　アメリカ
- ■ 発祥年代　1795年

一口メモ
初期のトマトケチャップは塩漬けのトマトの汁と香辛料を煮たものだった。

　ケチャップとは、もともと野菜やキノコ、または魚などを原料にした調味料のことだったが、現在は一般的にトマトケチャップを指す。トマトをすりつぶしたものにタマネギ、砂糖、塩、酢、クローブやシナモンなどの香辛料を加えて煮詰めて造られる。なお、ケチャップという名は、台湾語で「魚醬」を指す言葉が語源になっている。

　トマトケチャップが考案されたのは1795年のアメリカで、1870年代にはヘンリー・ジョン・ハインツがハインツ社を創業したことで、広く普及した。日本には明治時代に伝わり、やがて輸入販売や製造を行うようになった。

バーベキューソース

複雑な味がクセになる
バリエーション豊かなソース

調理例

▲バーベキューソースをかけたハンバーガー。

DATA

- **分類** ソース
- **主な原料** トマトケチャップ、ウスターソース、酢、ニンニクなど
- **発祥国・地域** アメリカ
- **発祥年代** 17世紀

一口メモ
アメリカ人にとっての故郷の味。

バーベキューで調理された肉類の味付けに使うソースで、濃厚な風味とコクがある。トマトケチャップやウスターソースなどに酢やニンニク、ショウガなどを加えて造るが、地域やメーカーによって原材料や製法が異なり、クミンや唐辛子、マスタードを加えることもある。17世紀にはすでにアメリカ南部の植民地で原型のソースが造られていたとされ、20世紀にジョージア州のソース製造会社によって市販向けのバーベキューソースが生産された。

なお、「Japanese BBQ Sause」の名で呼ばれる日本の焼き肉のタレはしょうゆがベースになっており、風味も全く異なる。

ペッパーソース

酸味と辛味で
料理の味を引き立てる

調理例

▲ペッパーソースの辛みが生ガキの風味を高める。

DATA

■ 分類　ソース
■ 主な原料　唐辛子、酢、岩塩
■ 発祥国・地域　アメリカ・ルイジアナ州
■ 発祥年代　19世紀

一口メモ
たるで約3年かけて熟成させている。

　メキシコ南部タバスコ州原産の唐辛子と酢、岩塩を使ったソースで、ピリッとした刺激的な辛さと酸味が特徴。1865年にアメリカの美食家であり、マキルヘニー社の創業者であるエドモンド・マキルヘニーが考案した。マキルヘニー社では、創業以来、ルイジアナ州のエイブリー島で生産が続けられており、150年間に渡って同じ製法で生産され続けている。

　ピザやパスタなどに垂らし、料理の味を引き立てるほか、ステーキソースやマヨネーズなどの調味料に混ぜて使われることも多い。ハバネロやハラペーニョを原料とした、さまざまなバリエーションも存在する。

113

チリソース

辛さも味もさまざま
バリエーション豊かなソース

調理例

▲揚げ春巻きや生春巻きと。甘めのソースも辛めのソースも合う。

DATA

■ **分類**　ソース
■ **主な原料**　唐辛子など
■ **発祥国・地域**　不明
■ **発祥年代**　不明

一口メモ
チリ（chili）は中南米原産の唐辛子（チリペッパー）のこと。

　唐辛子を主に塩やスパイスなどを加えて造るソースで、別名「ホットソース」とも呼ばれる。エビチリでおなじみのチリソースもホットソースの一種だが、トマトソースをベースに豆板醬などを加えて造るため、辛さのなかにも甘味がある。

　市販のチリソースは激辛から甘口まで幅広く、味や風味もさまざまで、辛口のチリソースはタコスやブリトーなどのメキシコ料理やハンバーガー、ピザなど幅広い料理によく合う。

　砂糖やナンプラーを加えて造られる甘口のスイートチリソースは、揚げ物のタレやサラダのドレッシングなどに向いている。

サンバルソース

辛めから甘めまで
多彩なバリエーション

調理例

▲サンバルソースを使ったマレー風エビチリ「サンバル・ウダン」。

DATA

■ 分類　ソース
■ 主な原料　唐辛子、タマネギ、ニンニク、エビ、トマトなど
■ 発祥国・地域　インドネシア
■ 発祥年代　不明

一口メモ
現地の家庭では常備されている調味料。

インドネシア料理やマレー料理に用いられる辛味調味料で、ナシゴレンやミーゴレン、炒め物やスープなどの調味料としてよく使われる。原材料や製法はメーカーや家庭によって異なり、インドネシア列島には212〜300種類のレシピがあるという。

一般的なサンバルは唐辛子、タマネギ、ニンニクを主原料に、エビのペーストやトマトなどを加えてサラダ油で炒め、仕上げにライムなどで香り付けをして造られる。スマトラ島などマレー文化の影響の強い地域は唐辛子を多用した辛い味付けが多く、サンバルの原産地でもあるジャワ島は甘めの味付けが好まれる。

カクテルソース

エビと相性抜群の
冷製ソース

調理例

▲ショットグラスに入れれば、パーティーにも最適だ。

DATA

- ■ 分類　ソース
- ■ 主な原料　トマトケチャップ、ホースラディッシュなど
- ■ 発祥国・地域　アメリカ
- ■ 発祥年代　19世紀

一口メモ
カキやホタテなどの貝類にも合う。

　トマトケチャップやホースラディッシュをベースに、レモン汁や白ワイン、ペッパーソースなどを合わせた冷たいソース。カクテルグラスの縁にエビを引っ掛けて提供される料理「シュリンプカクテル」にこのソースを使うことから、この名が付いた。

　もともとは、19世紀のアメリカで魚介類を食べる際に造られたのが始まりだが、1967年にイギリスの料理研究家ファニー・クラドックがレシピをテレビで紹介したことからイギリスで一気に広まった。ヨーロッパではマヨネーズが加えられており、サウザンアイランドドレッシングによく似た風味である。

タルタルソース

モンゴル料理が起源
濃厚でマイルドなソース

調理例

▲イカのフリットとタルタルソース。揚げ物によく合う。

DATA

- ■ 分類　ソース
- ■ 主な原料　マヨネーズ、卵、タマネギ、パセリなど
- ■ 発祥国・地域　フランス
- ■ 発祥年代　19世紀

一口メモ
野菜のディップソースとしても。

　チキン南蛮やエビフライなどに添えられる人気のソース。マヨネーズにタマネギやパセリのピクルスなどを混ぜて造られ、日本では一般的にゆで卵が加えられる。

　タルタルソースの名は、モンゴル帝国の遊牧民タタール人に由来しており、タタール人は刻んだ香味野菜を添えた馬肉料理を食べる習慣があった。この料理はヨーロッパに伝わるとタルタルステーキと呼ばれ、生のものを細かく刻んだものをタルタルと呼ぶようになったという。現在のようなタルタルソースになったのは19世紀のフランスで、日本では昭和41年に初めて市販された。

ベシャメルソース

洋食に多用される
基本の白いソース

調理例

▲マカロニとチキン、ブロッコリーのグラタン。

DATA

- ■ 分類　ソース
- ■ 主な原料　バター、小麦粉、牛乳
- ■ 発祥国・地域　フランス
- ■ 発祥年代　17世紀

一口メモ

作る料理に応じて牛乳と小麦粉の分量を変えて濃度を調整する。

　バターと小麦粉、牛乳で造られるホワイトソースで、グラタンやホワイトシチューなど、フランス料理を始めとする洋食に頻繁に使われる。このソースをベースに材料を加えて他のソースを作ったりすることから、フランスでは基本のソースとなる。

　ルイ14世の料理人ベシャメルが考案したとする説や、イタリアの料理人が考案したものがフランスに伝わったとする説など、発祥には諸説ある。1651年に出版されたフランスの料理本で紹介されてから、一般に広まった。なお、クリームソースとはベシャメルソースに生クリームを加え、塩コショウで味を調えたソースのことである。

トマトソース

濃厚なトマトの味
イタリア料理の基本のソース

調理例

▲トマトソースで煮込んだミートボール。

DATA

- **分類　ソース**
- **主な原料　トマト**
- **発祥国・地域　メキシコおよび中央アメリカ北西部**
- **発祥年代　不明**

一口メモ
玉ネギをじっくり炒めてコクを出す。

　トマト味の濃厚なソースで、メソアメリカの古代の調味料だったとされる。トマトは16世紀にアメリカ大陸からヨーロッパへと伝わり、イタリアを中心に多用されるようになった。シンプルなものは生の風味がなくなるまでトマトを煮るだけだが、日本ではトマトと一緒にみじん切りにしたニンニクと玉ネギを煮込み、バジルや塩コショウで味付けしたものが一般的だ。

　パスタのアラビアータやペスカトーレ、アマトリチャーナなどはトマトソースをベースに他の材料を加えたものである。トマトを濃縮して造られるトマトピューレの代わりに利用されることも多い。

119

サルサソース

メキシコ料理に欠かせない
スペイン語圏のソース

▲タコスやタコライスに欠かせない。

DATA

■ 分類　ソース
■ 主な原料　トマト、玉ネギ、唐辛子
など
■ 発祥国・地域　メキシコ
■ 発祥年代　不明

一口メモ
パスタやオムレツなどの洋食にも合う。

　メキシコやアメリカの料理に多用されるソースで、タコスやブリトー以外にも料理の下味や、漬け焼きにしたり、ジャムの様に塗ったりとさまざまな用途で使われる。サルサとはスペイン語で「ソース」を意味する言葉だが、単にサルサと呼ぶ場合はトマトに玉ネギ、ニンニク、唐辛子、コリアン

ダーなどを混ぜ合わせた酸味と辛味の強いソース「サルサ・ロハ」を指す。

　加熱していない生のサルサは「サルサ・クルーダ」と呼ばれ、メキシコ国旗と同じ色合いであることから「サルサ・メヒカーナ」とも呼ばれる。日本ではアボカドのサルサ「ワカモレ」も人気。

グレイビーソース

**肉汁から造るソースは
アメリカの家庭の味**

調理例

▲グレイビーソースをかけたマッシュポテトとソーセージ。

DATA

■ **分類　ソース**
■ **主な原料　肉汁、ワイン、ブイヨン
など**
■ **発祥国・地域　アメリカ**
■ **発祥年代　不明**

一口メモ
肉の旨味が詰まったジューシーな味。

　グレイビーとは肉汁のことで、オーブンなどで肉を焼いたときに出る肉汁を使って造られるソースのことである。一般的には肉汁にワインやブイヨンなどを加えて煮詰め、塩コショウなどで味を調える。滑らかにするために小麦粉や牛乳、生クリームを加える場合もある。

　アメリカではマッシュポテトにグレイビーソースをかけた料理が人気のメニューで、ローストビーフ、ロコモコなどにもよく使われる。近年は水に溶かすだけの顆粒タイプも流通している。ベジタリアンやヴィーガンのために、肉ではなく野菜のゆで汁を使ったグレイビーソースもある。

ホースラディッシュソース

おもてなし料理に最適
ワンランク上のソース

調理例

▲ビーフステーキにホースラディッシュソースを添えて。

DATA

- 分類　ソース
- 主な原料　ホースラディッシュ、酢など
- 発祥国・地域　ドイツ
- 発祥年代　13世紀頃

一口メモ
本ワサビよりもわずかに酸味がある。

別名「西洋ワサビ」、「ワサビダイコン」と呼ばれるホースラディッシュは、白い根に強い辛味のあるアブラナ科の植物だ。まろやかな旨味とツンと鼻に抜ける辛味が特徴のソースで、すりおろした根に酢またはレモン汁を加えて造られる。

イギリスやポーランドでは一般的なソースで、ローストビーフの付け合わせとしてもお馴染みだが、チキンソテーやウィンナー、サンドイッチなど他の料理にも多く使われる。アメリカではマヨネーズやドレッシングなどと組み合わせることが多く、イギリスではマスタードと組み合わせた「テュークスベリーマスタード」も人気がある。

マスタード

パリエーション豊かな
肉料理に最適な黄色いソース

調理例

▲マスタードをかけたチキンソテー。

DATA

- ■ 分類　ソース
- ■ 主な原料　カラシナ、酢など
- ■ 発祥国・地域　古代エジプト
- ■ 発祥年代　紀元前1800年頃

一口メモ
フランスの一般家庭では約1kgのマスタードを1カ月程度で消費するという。

　カラシナを干した実を粉末にしてから酢と混ぜて作った調味料で、日本では「洋がらし」とも呼ばれる。和がらしほど辛くなく、肉料理やサンドイッチなどによく使われる。種類は多く、アメリカやカナダではターメリックによって鮮やかな黄色に色付けされたイエローマスタードが一般的で、ホット

ドッグやチキンナゲットなどに欠かせない。
　ヨーロッパでは、フランス中部の都市ディジョン発祥のディジョンマスタードが人気で、上品な辛さと爽やかな酸味が特徴だ。そのほか、蜂蜜を混ぜたハニーマスタードや、カラシナの種子が入った粒マスタードなどがある。

123

マンゴーチャツネ

インド発祥の古い調味料
カレーの隠し味に最適

調理例

▲カレーに加えたりナンに塗ったりと、さまざまな場面で使える。

DATA

- 分類　ソース
- 主な原料　マンゴー、香辛料、砂糖など
- 発祥国・地域　インド
- 発祥年代　紀元前500年頃

一口メモ
トマト料理やスパイス料理とよく合う。

　チャツネとは、野菜や果物に香辛料、砂糖、酢などを加えて煮たジャム状のソースで、その名はヒンディー語で「舐める」を意味する言葉に由来する。シンプルなチャツネは紀元前500年頃より造られており、インド料理には欠かせない調味料だ。さまざまな種類があるが、日本のスーパーではマンゴーチャツネが多く流通している。

　マンゴーチャツネは、熟す前のマンゴーにカルダモン、砂糖、レモンなどを加えて煮詰めたもので、カレーに加えるとフルーティーな旨味とコクが増す。カレーの隠し味以外にも、炒め物やパンに塗ったりと、工夫次第で幅広く使うことができる。

トケマリ

ジョージアで愛される
甘酸っぱいソース

調理例

▲トケマリで味付けをしたビーフカルチョスープ。

DATA

■ **分類** ソース
■ **主な原料** プラム、ニンニク、コリアンダー、唐辛子など
■ **発祥国・地域** ジョージア
■ **発祥年代** 不明

一口メモ
ウメに近い味で日本人でも食べやすい。

ジョージアで造られるプラムのソース。トケマリには赤いソースと緑のソースがあり、赤いソースは熟したプラムを使ったもので、緑は熟していない若いプラムから造られたものである。ジョージアやロシアで大量生産されているが、家庭でも作られる。

作り方は、柔らかくなるまで煮たプラムをこして、ニンニク、コリアンダー、唐辛子、ミントなどを加えて火にかけ、冷ませば出来上がり。プラムがない場合はウメで代用することも可能だ。辛味と酸味があり、ジョージア人にとってはケチャップのような存在で、肉料理のほか、揚げ物やポテトなどにも添えられる。

125

ハリッサ

スパイシーでエキゾチック
奥深い味わい

▲ハリッサを使ったアラブ料理「フムス」。

DATA

- **分類** ソース
- **主な原料** キャラウェイ、コリアンダー、唐辛子、オリーブオイルなど
- **発祥国・地域** チュニジア
- **発祥年代** 不明

ーロメモ
玉ねぎやレモンを加えるレシピもある。

アフリカ北西部に位置するアラブ諸国、特にチュニジアで造られる、ピリッとした唐辛子の辛さとエキゾチックな風味が特徴的なソース。キャラウェイ、コリアンダー、クミンなどのスパイスと唐辛子をすりつぶし、すりおろしたニンニクとパプリカパウダー、オリーブオイルを加え、よく混ぜ合わせて造られる。質のよい物は独特のコクがある。

主にクスクスに添えるほか、ローストした肉や魚、タジン鍋やケバブなどに使われる。ヨーロッパでも人気で、特にフランスでは古くから親しまれてきた。なお、フランスでは「アリッサ」と呼ばれる。

アジカ

コーカサス地方の
伝統的な辛み調味料

調理例

▲ステーキの付け合わせにアジカを添えたラディッシュ。

DATA

■ 分類　ソース
■ 主な原料　唐辛子、ニンニク、コリアンダー、ディルなど
■ 発祥国・地域　アルメニア、アゼルバイジャン、ジョージア、ロシアの一部
■ 発祥年代　不明

　アルメニア、アゼルバイジャン、ジョージアとロシアの一部から成るコーカサス地方で造られる、ピリッとした唐辛子の辛味と旨味が特徴のディップ。名前の由来は、アブハジア語の塩を意味する言葉からきており、かつて希少な塩の代わりにスパイスを混ぜて調味料を作ったのがアジカの始まりとされる。現地のスーパーで簡単に手に入るが、家庭でも多く作られ、原材料は唐辛子とニンニク、コリアンダーやディルなどのスパイスで、トマトやクルミを入れるものなど多くのレシピが存在する。

　パンに塗って食べるほか、肉料理や焼き魚、茹で野菜にもよく合う。

だし *Stock*

日本料理における味の基礎

◆かつお節だし   ◆牛骨
◆煮干しだし   ◆豚骨
◆昆布だし   ◆鶏がら
◆しいたけだし   ◆エビだし
◆ブイヨン   ◆ホタテだし

だしを知る

だしとは

　動植物食品の旨味成分を水に溶出させたもの。塩やみそなどの他の調味料と合わせて、料理の味を向上させる。日本料理においてだしは味の基礎であり、主に昆布やかつお節、煮干しや干ししいたけなどを用いる。

　日本以外にも世界にはさまざまなだしが存在する。西洋料理では肉類や魚介類、香味野菜や香草などをだしとして使用し、スープ用のだしはブイヨン、ソース用のだしはフォンと呼ばれる。中華料理では牛、豚、鶏や、干物などからだしをとり、湯（タン）と呼ばれる。

だしの歴史

ルーツは縄文時代

　日本ではだしの概念は縄文時代に生まれたとされている。当時は狩猟採集を中心とした生活だったが、食材の中には生の状態だと消化に悪い物もあった。そこで人々は食材を土器で煮て食べるようになった。そして、食材を煮た際に出た煮汁には食材の旨味が溶け出している事を発見した。この発見が現在のだしのルーツになったといわれている。

かつお節だしの登場

　だしの代表的な素材であるカツオが、日本の歴史資料に初めて登場したのは奈良時代。757年に施行された養老律令の注釈書『令集解（りょうのしゅうげ）』には、朝廷へ納める税として、カツオと思われる「堅魚（かたうお）」や、カツオの煮出し汁を濃縮した液体の「煮堅煎汁（にかたうおいろり）」といった記述が残されている。平安中期には干したかつおを削って食べていたことを、うかがわせる記述も存在する。

　現代のだしに相当するものが最初に登場するのは、室町時代後期の資料と推定されている『大草殿（おおくさどの）より相伝之聞書（そうでんのききがき）』だといわれている。

かつお節だし

カツオの旨味を凝縮
あらゆる和食にぴったり

DATA

- ■ 分類　だし
- ■ 主な原料　カツオ
- ■ 発祥国・地域　日本
- ■ 発祥年代　室町時代

カツオを3枚におろし、煮ていぶした後に乾燥させたものから抽出しただし。煮物や汁物など幅広い料理に使われる。荒節と枯節に分けられ、荒節はカビ付けをしていないかつお節で、表面は黒く焦げたような色をしている。枯節は荒節にカビ付けをしたもので表面が茶色く、乾燥による凝縮とカビ付けによる発酵でコクが強い。

煮干しだし

香りの強い濃厚な風味で
みそ汁との相性抜群

DATA

- ■ 分類　だし
- ■ 主な原料　カタクチイワシ、マイワシなど
- ■ 発祥国・地域　瀬戸内地方
- ■ 発祥年代　18世紀

煮干しとは小魚を煮て干した加工品で、だしの素材となる。最も生産量や流通量が多いのはカタクチイワシで造る煮干しで、一般的に煮干しというとこれを指す。その他にマイワシ、ウルメイワシ、キビナゴ、アジを原料とするものもある。だしを取るときは、頭と内蔵を取り除くと雑味が抑えられてすっきりとした味になる。

昆布だし

だし

昆布だし／しいたけだし

素材の味を引き立てる
上品で優しい味わい

DATA

- ■ 分類　だし
- ■ 主な原料　昆布
- ■ 発祥国・地域　日本
- ■ 発祥年代　室町時代

昆布から抽出しただしで、グルタミン酸やアスパラギン酸、マンニトールなどの旨味成分を含む。国内生産量の多くを北海道が占めており、真昆布、利尻昆布、羅臼昆布、日高昆布などがだしを取るのに向いている。だし取りの際にしっかり洗うと旨味成分が流れてしまうので、固く絞った布で表面を軽く拭いて使用する。

しいたけだし

乾燥により凝縮された
独特な風味

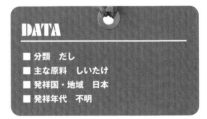

DATA

- ■ 分類　だし
- ■ 主な原料　しいたけ
- ■ 発祥国・地域　日本
- ■ 発祥年代　不明

干ししいたけを使っただしで、主にグアニル酸と呼ばれる旨味成分を含む。干ししいたけは収穫した時の状態によって、かさの開きが小さく肉厚の冬菇、薄いかさが大きく開いた香信、冬菇と香信の中間の香菇に大きく分けられる。干ししいたけ単体のだしでは風味が強過ぎるため、一般的にはかつお節や昆布と合わせてだしを取る。

Bouillon

ブイヨン

手間暇かけて作られる
スープの基本素材

DATA

- **分類** だし
- **主な原料** 牛肉、鶏肉、野菜、ハーブなど
- **発祥国・地域** フランス
- **発祥年代** 不明

フランス料理において主にスープを作るときに使われるだしで、調味料を加える前の状態を指す。日本では固形や顆粒タイプなどの調味料という印象が強いが、本来の

ブイヨンは肉類や野菜、ハーブなどの材料を約1日かけて煮込んで作る。その間あくをすくい続ける必要があるため、費用と手間がかかるぜいたくなだしといわれている。

Beef Bones Stock

牛骨

煮込むほど
にじみ出るエキス

DATA

- **分類** だし
- **主な原料** 牛骨
- **発祥国・地域** 不明
- **発祥年代** 不明

牛骨から取っただしは濃い味と上品な香りが特徴。長時間煮込むことで骨髄が溶け出し、コクが深まる。
フランスでは子牛の骨付き肉やすじ肉を

香味野菜と一緒に煮込んで作るだしをフォン・ド・ヴォーという。韓国では牛骨から取っただしをユッスといい、冷麺のスープに使われる。

豚骨

コラーゲン豊富で
濃厚な風味

DATA

■ 分類　だし
■ 主な原料　豚骨
■ 発祥国・地域　不明
■ 発祥年代　不明

　豚骨はコラーゲンが多くゼラチン質が多量に出るため、しっかりとしただしを取ることができる。主に中華料理やラーメンのスープに使用される。同じ豚であっても骨の部位によって骨髄の出方が変わる。膝関節部分のげんこつは上質で厚みのあるだしが取れ、背骨は短時間で旨味を出すことができ、豚足からはとろみが生まれる。

鶏がら

さっぱりとした
やさしい味わい

DATA

■ 分類　だし
■ 主な原料　鶏がら
■ 発祥国・地域　不明
■ 発祥年代　不明

　中華料理や西洋料理で広く使われ、フランス料理では鶏がらのだしをフォン・ド・ヴォライユという。鶏がらは澄んだだしをとるのに適している。

　足の部分はモミジと呼ばれ、あっさりとした味のだしが早く出る。鶏がらだけでなく肉の付いた丸鶏を使うと、甘味のある濃厚なだしが取れる。

エビだし

**海の幸がもたらす
上品な甘味**

DATA

- ■ **分類** だし
- ■ **主な原料** エビ
- ■ **発祥国・地域** 不明
- ■ **発祥年代** 不明

　甘味系アミノ酸のグリシンを豊富に含むエビは、特に海鮮料理では風味や旨味を加える目的で使用される。

　エビからだしを取る際、殻を使う場合は最初に殻を炒めると臭みが取れてだしが出やすくなる。干しエビの場合は、濃厚な旨味が出る煮出し法と、強い甘味のだしが取れる水出し法がある。

ホタテだし

**ひと味違った
ぜいたくなだし**

DATA

- ■ **分類** だし
- ■ **主な原料** ホタテ
- ■ **発祥国・地域** 不明
- ■ **発祥年代** 不明

　ホタテの干し貝柱は、乾燥させて造られることで旨味が凝縮されただしが取れる。かつお節だしや昆布だしなどと合わせると、さらに旨味が増す。他の乾物と比べてだしが抽出されにくいため、しっかりとだしを抽出するには半日ほど水に漬け置くとよい。戻し汁は吸い物やスープ、中華料理のだしなどにおすすめ。

サラダドレッシング *Salad Dressing*

サラダにアクセントを加える調味料

◆サウザンアイランド
　ドレッシング
◆イタリアン
　ドレッシング
◆フレンチドレッシング
◆シーザードレッシング
◆コールスロー
　ドレッシング

◆和風ドレッシング
◆ごまドレッシング
◆ランチドレッシング
◆ロシアン
　ドレッシング

❖ Knowledge of Salad Dressing ❖

サラダドレッシングを知る

サラダドレッシングとは

　サラダ用の調味料で、ドレッシングと略される。語源は「着せる・飾る」を意味するdressに由来し、サラダを飾って調味するという意味合いで、サラダドレッシングと呼ばれるようになったといわれている。

　オリーブ油やサラダ油などの植物油と、酢またはかんきつ類の果汁を主な原材料とし、塩や香辛料などを加えて造られる。日本ではこの他にしょうゆなどが加えられることがある。とろみのある乳化タイプのものと、水分と油分が分かれ、混ぜ合わせて使う分離型のものがある。液状の調味料のため、ソースの一種ともいえる。

サラダドレッシングの歴史

西洋のドレッシング

　油と酢と塩を組み合わせたフレンチドレッシングのようなものは、古代ローマ時代から存在していた。この調味料は時代が進むにつれて、フランス料理における最も基本的なサラダドレッシングとなった。

　19世紀になると、アメリカで多種多様なサラダドレッシングが考案されるようになった。もともとアメリカは農業国としてスタートしたこともあり、料理は素材の新鮮さを重視するのが基本だった。生野菜とドレッシングからなるサラダは、早くから食卓に欠かせない存在となっていた。こういった背景から、アメリカはドレッシング大国になったと考えられている。

日本のドレッシング

　日本で最初にドレッシングの製造と販売を行ったのはキユーピーで、1958（昭和33）年にパプリカ由来の赤いフレンチドレッシングが販売された。1984（昭和59）年には健康志向の高まりを受け、油脂を全く使わないノンオイルドレッシングが登場するなど、低カロリー商品が増え始めた。

サウザンアイランドドレッシング

ほのかな酸味と
マイルドな風味

DATA

- ■ 分類　ドレッシング
- ■ 主な原料　マヨネーズ、ケチャップなど
- ■ 発祥国・地域　アメリカ
- ■ 発祥年代　1900年頃

　マヨネーズ、ケチャップ、オリーブオイルをベースに造られるドレッシング。刻んだピクルスや玉ネギ、ゆで卵やピーマン、トマト、ニンニクなどを加えることもある。名前の由来には諸説あるが、刻んだ具材をアメリカとカナダの間を流れるセントローレンス川に浮かぶサウザンドアイランズに見立てたという一説がある。

イタリアンドレッシング

酢とハーブが香る
爽やかな味

DATA

- ■ 分類　ドレッシング
- ■ 主な原料　オリーブオイル、酢など
- ■ 発祥国・地域　アメリカ
- ■ 発祥年代　1941年

　オリーブオイルと酢に、刻んだ玉ネギやピーマン、オレガノやフェンネル、ディルなどのハーブを混ぜ合わせたもの。このドレッシングはイタリアには存在せず、イタリアではサラダにオリーブオイル、酢、塩をかけて食べるのが一般的。アメリカに住むイタリア系の移民がレストランで提供したのが始まりといわれている。

フレンチドレッシング

個性豊かな
3種のドレッシング

▲赤いフレンチドレッシング。　▲白いフレンチドレッシング。

DATA

■ 分類　ドレッシング
■ 主な原料　セパレート:サラダ油、酢
など／赤:サラダ油、酢、マヨネーズ、ケ
チャップなど／白:サラダ油、酢、マヨ
ネーズなど
■ 発祥国・地域　セパレート:フランス
／赤・白:アメリカ
■ 発祥年代　セパレート:古代ローマ
時代／赤・白:不明

　フレンチドレッシングには、分離型のフレンチドレッシングセパレートと、2種類の乳化タイプのものがある。

　フレンチドレッシングセパレートは、サラダ油と酢またはレモン汁をベースに、塩とこしょうで味を付けた透明なもの。ヴィネグレットソースとも呼ばれ、フランス料理で使われている。

　乳化タイプのフレンチドレッシングはアメリカで考案された。ヴィネグレットソースにマヨネーズなどを加えた白いフレンチドレッシングと、さらにケチャップやパプリカなどを加えた赤いフレンチドレッシングがある。

シーザードレッシング

クリーミーな
チーズの味わい

DATA

- ■ 分類　ドレッシング
- ■ 主な原料　オリーブオイル、卵など
- ■ 発祥国・地域　メキシコ
- ■ 発祥年代　1924年

　オリーブオイル、卵、ニンニク、塩、こしょう、レモン汁、マスタード、ウスターソース、パルメザンチーズから造られ、これにアンチョビが入ることがある。メキシコのレストラン「シーザーズ・プレイス」のオーナーであったシーザー・カルディーニが、有り合わせの食材でサラダとドレッシングを作ったのが始まりといわれている。

コールスロードレッシング

どこか甘さも感じられる
さっぱりとした酸味

DATA

- ■ 分類　ドレッシング
- ■ 主な原料　マヨネーズ、酢、塩、砂糖など
- ■ 発祥国・地域　不明
- ■ 発祥年代　不明

　細かく刻んだキャベツを使ったコールスローサラダにかけるドレッシング。かつてはサラダ油と酢あるいはヴィネグレットソースが使われていたが、現在はほとんどの場合マヨネーズが使われている。日本で販売されているコールスロードレッシングには、リンゴやパイナップルの果汁が入っていることがある。

和風ドレッシング

しょうゆが効いた
日本人好みの味

DATA

- 分類　ドレッシング
- 主な原料　しょうゆ、酢、植物油など
- 発祥国・地域　日本
- 発祥年代　不明

しょうゆをベースとしたサラダドレッシングで、一般的な和風ドレッシングは、しょうゆ、酢、植物油で造られる。これらにごま油を加えたものは、中華風ドレッシングと呼ばれることもある。その他に青じそやワサビなどを加えたものもあり、種類が豊富。サラダ以外に肉料理や野菜炒めなどの味付けにもおすすめ。

ごまドレッシング

食欲をそそる
ごまの香ばしさ

DATA

- 分類　ドレッシング
- 主な原料　しょうゆ、ごま、酢、植物油
- 発祥国・地域　日本
- 発祥年代　不明

しょうゆ、酢、植物油にごまを加えて造られ、一般的には白ごまが用いられる。煎りごまを使うと香ばしくなり、マヨネーズを入れるとコクが出て、とろみが付きやすくなる。生野菜や温野菜にかけるだけでなく、そうめんやうどんのつゆと混ぜたり、しゃぶしゃぶの付けダレとしても使えるなど、汎用性が高い。

ランチドレッシング

アメリカで人気の
濃厚なドレッシング

DATA
- 分類　ドレッシング
- 主な原料　バターミルク、ヨーグルトなど
- 発祥国・地域　アメリカ
- 発祥年代　1954年

　カリフォルニア州の牧場(ranch)で提供されていたことからその名が付いたランチドレッシングは、アメリカでは定番のドレッシング。バターミルク、ヨーグルト、サワークリームのほかに、みじん切りにしたエシャロットや香辛料などから造られる。サラダのほか、フライドチキンのディッピングソースとしても用いられる。

ロシアンドレッシング

ホースラディッシュの
辛味がアクセント

DATA
- 分類　ドレッシング
- 主な原料　マヨネーズ、ケチャップなど
- 発祥国・地域　アメリカ
- 発祥年代　1910年代

　マヨネーズとケチャップに、ホースラディッシュやチャイブ、香辛料を混ぜて造られる、辛味のあるドレッシング。ライ麦パンにコンビーフなどを挟んだルーベンサンドの味付けに使われる。ロシア発祥ではなく1910年代にアメリカで考案されたもので、当初は「ロシアンマヨネーズ」という名称で販売されていた。

知っておいしい 調味料事典

監修者　鈴木裕貴

フードコーディネーター。美容、健康、食をテーマとした商品を手がける企業向けのコンサルタント。穀物分野では米の需要を広げるため、企業、大学と研究開発した米粉（新 α 米）の商品企画、監修に携わる。アレルギー対策やグルテンフリーなどのメニュー開発にも参加。ホテルレストランのメニュー、パーティのプロデュースも行っている。また、ライフワークとして、心身の健康、エイジングケアのための食事療法と生活習慣を総括したセオリー・ユニメソッドのセミナーを主催している。

装丁・デザイン　梶間伴果・遠藤葵・小島優貴
写真　　　　　　Shutterstock、PIXTA
編集・制作　　　株式会社エディング

2020 年 7 月 31 日 初版第 1 刷発行

監　修　　鈴木裕貴
発行者　　岩野裕一
発行所　　株式会社実業之日本社
　　　　　〒 107-0062　東京都港区南青山 5-4-30
　　　　　CoSTUME NATIONAL Aoyama Complex 2F
　　　　　電話（編集）03-6809-0452　（販売）03-6809-0495
　　　　　https://www.j-n.co.jp/
印刷・製本　　大日本印刷株式会社